ÉTUDES ÉCLECTIQUES

SUR LES

ORDRES D'ARCHITECTURE.

ÉCLECTISME

DES

ORDRES D'ARCHITECTURE,

TRAITÉ

UTILE AUX ÉLÈVES OU ADEPTES INGÉNIEURS, ARCHITECTES, SCULPTEURS, PEINTRES, GRAVEURS ET DESSINATEURS;

PAR

Pascal VENANT, ARCHITECTE,

Ancien élève de l'Académie d'Architecture de Paris

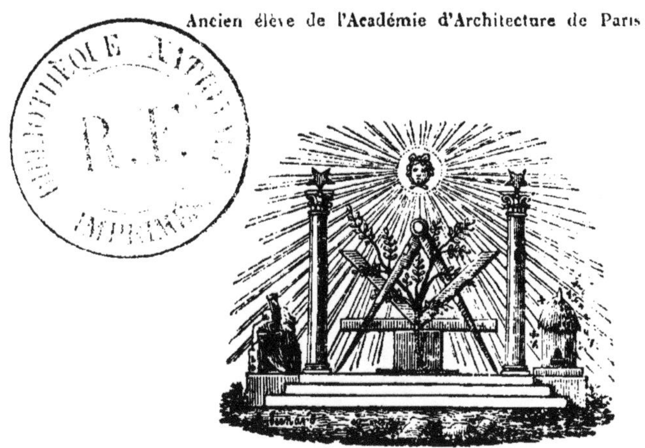

CLERMONT,

IMPRIMERIE DE THIBAUD-LANDRIOT FRÈRES,

Libraires, rue St-Genès, no 10.

—

1849.

PRÉFACE.

Laugier a dit, dans son Essai sur l'Architecture :

« Nous avons divers traités sur l'architecture qui développent avec assez d'exactitude les mesures et proportions qui entrent dans le détail des différents ordres qui fournissent des modèles pour toutes les manières de bâtir, nous n'avons point encore d'ouvrage qui en établisse solidement les principes, qui en manifeste le véritable esprit, qui propose des règles propres à diriger le talent et à fixer le goût. Il me semble que dans les arts qui ne sont pas purement mécaniques, il ne suffit pas que l'on sache travailler, il importe surtout que l'on apprenne à penser, il faut qu'un artiste puisse se rendre raison à lui-même de tout ce qu'il fait. Pour cela, il a besoin de principes fixes qui déterminent ses jugements et qui justifient ses choix, de telle sorte qu'il puisse dire qu'une chose est bien ou mal, non point simplement par instinct, mais par raisonnement et en homme instruit des routes du beau.

» Tout art, toute science a un objet déterminé. Pour parvenir à cet objet, toutes les routes ne sauraient être également bonnes, il n'y en a qu'une qui mène directement au but; et c'est cette route unique qu'il faut connaître en toutes choses. Il n'y a qu'une manière de bien faire. Qu'est-ce que l'art, sinon cette manière établie sur des principes évidents, et appliquée à l'objet par des préceptes invariables. »

Je tente de résoudre, dans la mesure de mes forces, la question posée par Laugier, en recherchant, guidé d'abord par le seul sentiment, quels sont les ordres qui ont entre eux des analogies naturelles, des sympathies harmonieuses, et en essayant de puiser dans cette étude des règles fixes, au moyen desquelles on puisse parvenir à les mélanger avec discernement.

Toute composition architecturale, outre sa

disposition comme plan, doit avoir son ordonnance qui donne le type à l'édifice, type que l'on doit retrouver dans toutes les parties du bâtiment. Cette loi nécessaire de l'art, sans laquelle il n'est point d'harmonie, a amené insensiblement le perfectionnement des ordres d'architecture, et donné un style à chaque édifice; car, comme il y a un grand nombre de genres et d'espèces de bâtiments ayant chacun une distinction spéciale, l'art a dû trouver des ordonnances (1) générales qui répondissent aux exigences et aux besoins des principales et diverses compositions.

Pour procéder rationnellement, et mettre en lumière à l'intelligence et à l'imagination des élèves les générateurs de l'architecture, les principaux caractères, j'ai recherché avec persévérance et me suis attaché à bien connaître les sympathies des ordres de caractère différent et les différents tons du même caractère, pour en former un groupe, en déduire les ca-

(1) Ordonnances s'entend quand plusieurs ordres sont étagés dans un édifice.

ractères secondaires correspondant aux caractères principaux, et enfin faire ressortir l'unité dans le multiple. Les types étant une fois reconnus complets, ayant chacun le rayon de l'art authentique, la marque insigne de leur origine, leur point commun d'harmonie, leurs caractéristiques et détails étant bien déterminés et mis au plus grand jour, il est indispensable de puiser à cette source les divers éléments que réclame la variété des bâtiments ordinaires.

A Paris, dans ce vaste musée d'architecture, je me suis attaché à comparer les monuments et bâtiments pour rechercher les principes d'où ils dérivent et les éléments qui les caractérisent : or, tout en admirant leurs beautés, j'ai reconnu cependant des hors-d'œuvre disgracieux, des mélanges incohérents et anormaux. M. Fontaine, architecte du gouvernement, auquel j'ai soumis mes essais qu'il a encouragés, m'a dit, après un mûr examen, que, vu l'application peu rationnelle des caractéristiques d'architecture qu'il avait remarqués à beaucoup de bâtiments dans Paris, il serait à désirer que l'on eût suivi une marche analogue à celle que j'indiquais dans mon ouvrage.

Je présente, à cet effet, deux cercles d'ordres d'architecture, autour de chacun desquels rayonnent sept caractères entiers et cinq demi-caractères, c'est-à-dire vingt-quatre principaux types, dont douze grecs et douze romains qui se déduisent les uns des autres (1). Dans ces deux cercles, la théorie et la pratique devront marcher ensemble, se prêtant un appui mutuel, sans perdre jamais de vue la nature.

Ayant étudié avec attention les proportions adoptées par les grands maîtres qui ont créé des chefs-d'œuvre en fait d'ordres, j'ai choisi les proportions qui s'identifient avec le principe du caractère de chacun des types; car le caractère et la proportion doivent être intimement liés si l'on veut obtenir, en bonne architecture, des effets toujours beaux et qui doivent paraître toujours nouveaux. Les rythmes des écartements de colonnes ont une grande influence sur la perfection de leurs

(1) Ces types sont les vingt-quatre vertèbres de la colonne épinière de la bonne architecture.

beautés caractéristiques ; j'ai recherché aussi ces rythmes avec persévérance.

Après avoir établi la plus grande et la plus petite hauteur données pour les ordres, et ces deux termes ayant été fixés comme les extrêmes de leur échelle, les intervalles ont donné les termes moyens relatifs aux caractères des bâtiments principaux.

En prenant à chaque intervalle les parties essentielles des deux ordres collatéraux, j'ai pu en faire un ordre tout nouveau qui a son caractère propre et qui devient un vrai composite.

En combinant les ordres entr'eux par des exercices constants, en faisant ensuite opérer divers mouvements ou conversions à des progressions d'échelles que j'ai imaginées, je suis arrivé à composer et à varier même, si je puis m'exprimer ainsi, des gammes architectoniques, dont chaque octave ou combinaison, donnant une âme à la pierre, présente toujours quelques ordres vus sous un jour nouveau. Ces ordres, quoique antiques ou anciens, toujours excellents puisqu'ils portent l'empreinte de l'indélébile caractère du beau, me paraissent rajeunis par les places et intervalles que je leur ai assignés : il n'y a de viable en fait d'art que ce qui a vieilli.

Les sources de l'architecture classique, loin d'être taries, ont des eaux toujours vives. Les artistes de la Renaissance y avaient puisé ; les architectes distingués de notre temps, qui suivent leurs traces, ne sont arrivés à une véritable imitation, à une grande perfection dans l'exécution de leurs ouvrages, que parce qu'ils ont imité leur méthode, suivi leur exemple ; qu'ils ont étudié comme eux les chefs-d'œuvre de la Grèce et de l'Italie. Si l'école de la Renaissance se fût perpétuée en France, nous aurions, tout en imitant les anciens, une architecture nationale, tout à la fois solide, gracieuse et légère ; car, comme nos grands artistes du XVIe siècle l'ont prouvé, l'imitation n'exclut pas l'originalité.

Pourquoi l'architecture, qui est comme tous les arts un mode particulier de la pensée, un moyen particulier d'exprimer et de communiquer une idée, ne se développerait-elle pas comme les langues, ce moyen général par lequel toute idée se produit et se répand ? Comme il n'existe pas de langue purement abstraite, il n'existe pas de langue sans emprunts, et comme les idées vont toujours se développant et se multipliant, les formes par lesquelles elles sont mises au jour croissent et se multiplient. Les langues se forment donc peu à peu en suivant la loi du progrès. L'expression, forme de l'idée, l'expression qui est la lumière qui se fait sur la pensée ou sur le sentiment, n'est parfaite et définitive que lorsqu'elle en est le calque exact : c'est l'œuvre du temps et du génie. On peut donc, en architecture comme en fait de langue, guidé par des principes sains et rigoureux, arriver par une sage et sévère méthode d'éclectisme, à la perfection, sans être imitateur servile et sans sacrifier l'originalité. Les beaux-arts ne se proposent pas seulement d'imiter, ils veulent plaire : ce qui demande un choix, du goût, de l'ordre.

« Les langues, dit M. Villemain, sont un domaine commun, où le génie se fait une propriété particulière, de même que par une invention de nos jours, les objets extérieurs, les masses, les détails même se gravent spontanément sur une surface préparée, où la lumière réfléchit leur image. Le génie et la passion qui est le génie du moment, ajoutent la création du génie à la copie. Le fond général d'une langue, c'est la peinture par reflet, par l'action seule de l'objet et de la lumière; le style, c'est l'œuvre inspirée du peintre, » et nous pouvons le dire, celle de l'architecte.

Comparons l'architecture des monuments de Paris avec l'architecture grecque et romaïne, nous trouverons dans les monuments de l'une et de l'autre un caractère différent, original, propre au génie particulier des deux peuples, et pourtant elles ont une source commune, l'architecture égyptienne. Les prototypes des ordres se retrouvent, comme on le peut voir en parcourant le grand ouvrage de la description de l'Egypte, dans les monuments de l'antique contrée.

Ainsi, l'ordre dorique, ou simplement le pœstum illustré par Delagardette est certainement le premier type de l'architecture grecque. Cet ordre a son analogue, ou son archétype, dans les temples égyptiens, ainsi que l'ionique et le corinthien, et même les ordres cariatique et persique.

Dans les dix Etudes qui vont suivre, le lecteur verra que nous ne possédons, à vraî dire, que trois ordres d'architecture, comme les peintres de l'antiquité n'avaient à leur disposition que trois couleurs; mais que cette triade de couleurs, ainsi que les trois grâces architectoniques ont fait nombre de tons et de nuances, c'est-à-dire, de modes, de styles et de beautés diverses qui se sont multipliées et peuvent se multiplier à l'infini. Partant de cette pensée, les premiers caractères, leurs composés et nuances ressortant des deux cercles d'ordres, choisis dans l'architecture grecque et romaine, pourront toujours, parce qu'il y a en eux des beautés d'une éternelle fécondité, fournir aux artistes une inépuisable variété d'ornements aux compositions de toute architecture civile et monumentale, surtout si, tout en s'inspirant de l'étude du génie antique et des œuvres immortelles qu'il a produites, on ne néglige pas les œuvres qui portent la véritable empreinte du génie français et des traditions nationales.

« Il y a, dit M. Vitet, dans un article sur les monuments de Paris, il y a dans l'architecture, comme dans tous les arts, certaines beautés qui sont de tous les temps, beautés vivaces, éternelles; mais chaque monument ne contient qu'un petit nombre de semblables beautés, et c'est précisément à les abstraire, pour en former une combinaison neuve et habile, que consiste ce travail judicieux, ce travail critique, ce bon sens que nous demandons à nos jeunes artistes.

» Les règles en architecture ne sont ni plus absolues ni plus impératives que dans les autres arts. Il ne faut pas attacher trop d'importance au rôle que jouent ici les mathématiques. De ce qu'on dresse un plan par mètres et par millimètres, il ne s'ensuit pas que l'architecture soit un simple produit de la géométrie. L'inspiration, le sentiment ordonnent, l'équerre et le compas obéissent. En toutes choses il y a deux sortes de règles, les unes données par la nature, les autres forgées par les pédants. Si vous êtes né architecte, vous sentirez, avant qu'on vous l'enseigne, la loi des dimensions, l'effet des contrastes et des symétries, l'harmonie des proportions. Selon le degré de légèreté, d'élégance, de hardiesse ou de majesté que vous voudrez donner à votre édifice, vous éprouverez le besoin d'en espacer plus ou moins les étages, et selon les hauteurs que vous aurez choisies, vous serez conduit naturellement à modifier, dans leur épaisseur ou dans toute leur partie, les piliers, les pilastres, les colonnes, c'est-à-dire les supports de chacun de vos étages. Ces modifications relatives, c'est votre œil ou plutôt c'est la vue intime du beau et du vrai qui vous les indiquera. Mais gardez-vous de croire qu'il n'existe en tout que trois ou cinq ordres ou manières de proportionner votre édifice; que hors de ces trois ou cinq ordres, comme on les appelle, il n'y a qu'erreur et barbarie. »

Cette définition de l'entente et de l'eurythmie du bâtiment peut, à juste titre, passer pour un bon précepte.

Dans les classements progressifs et tableaux raisonnés des Etudes qui vont suivre, nous n'avons pu, à cause de l'abstraction du sujet et des nécessités qu'impose toute exposition scientifique, nous dispenser de l'emploi des termes techniques.

L'ordre romain, proprement dit, ou, s'il convient mieux, le corinthien double modillonnaire, le composite denticulaire et le composite double modillonnaire, entr'autres le toscan, placés par des répétiteurs de Vignole, soit au commencement, soit à la fin de l'échelle des cinq ordres, et qu'ils considèrent cependant comme des hors-d'œuvre, sont classés et appréciés à leur juste valeur dans le cercle de douze ordres romains et italiens complets, où ils sont mis dans une juste évidence et sous un jour tout nouveau.

Ces ordres rajeunis, épurés, perfectionnés par le génie de nos artistes, par la science du dessin et de la géométrie descriptive, seront à jamais, comme ils l'ont été pour l'architecture ancienne, des types, des règles, des canons d'origine sacrée, qui ont servi et serviront toujours d'auxiliaires et de guides à l'imagination créatrice, et, par suite, à la renaissance et au perfectionnement d'une architecture sagement éclectique et vraiment française.

J'ai donc pensé qu'en appliquant la méthode de l'éclectisme et de la polychromie (1) aux

---

(1) Eclectisme, dans cette application, veut dire choix. — Polychromie, application des couleurs aux ordres.

ordres d'architecture, cet art acquerrait le caractère de la science, sans perdre de vue cette maxime de d'Alembert : « Que plus on diminue le nombre des principes d'une science, plus on lui donne d'étendue. »

Ce livre servira d'auxiliaire à la technologie des ordres d'architecture, et pourra être utile à l'architectonographe pour donner de la couleur aux descriptions monumentales, besoin qui se fait sentir même dans l'ouvrage du voyage du jeune Anacharsis en Grèce.

DIX ÉTUDES

SUR

L'ÉCLECTISME ET LES HARMONIES

DES

ORDRES ARCHITECTONIQUES,

SERVANT D'INTRODUCTION A LA POLYCHROMIE.

« La série distribue les harmonies. »
FOURIER.

DIX ÉTUDES

SUR

L'ÉCLECTISME ET LES HARMONIES DES ORDRES ARCHITECTONIQUES,

SERVANT D'INTRODUCTION A LA POLYCHROMIE.

ÉTUDE PREMIÈRE.

HARMONIE DES ORDRES.

L'ÉCHELLE des ordres d'architecture est pour les architectes ce que la gamme est pour les musiciens ; par leur secours, chacun dans son art peut être inventeur, et s'élever des plus petites aux plus grandes compositions architecturales et musicales. Tous les genres d'édifices, monuments et bâtiments doivent aux ordres leur caractère particulier.

L'Europe a adopté principalement ceux qui ont été illustrés par les grands maîtres d'Athènes et de Rome. Ils ont pris naissance chez les Egyptiens, se sont épurés chez les Grecs, et de là sont passés aux Romains, qui ont rendu leurs caractères plus accentués, et qui, sur leur modèle, en ont conçu de nouveaux.

Leurs prototypes sont si loin de nous, que l'on peut se dispenser de se perdre en des conjectures vagues et des suppositions hasardées, si ce n'est qu'ils sont les éléments de la construction primitive ; plus loin, j'en dirai quelques mots en passant.

Les types nés de ces prototypes sont arrivés à un tel degré de perfection caractéristique, et partant si bien définis, qu'il est impossible de se méprendre sur leur caractère propre. Dégager ces caractères enfouis sous les détails dans les grands ouvrages sur l'architecture, et dresser une échelle complète et exacte de tous les ordres d'architecture grecque et romaine, voilà ce que nous croyons utile et opportun, et ce que nous nous proposons de faire dans cet ouvrage, qui, nous l'espérons, sera de quelque utilité.

Les caractères romains, ou plutôt græco-romains, étant plus prononcés et plus connus, nous les classerons en premier lieu, pour établir ensuite les ordres grecs sur une échelle parallèle : je vais donc reconnaître et suivre leur progression.

Le premier qui se présente est le dorique pur, orné simplement de trigliphes ; le second est l'ionique à denticules ; le troisième est le corinthien, dont le chapiteau de la colonne est historié de feuilles d'acanthe, et l'entablement relevé de modillons ornés : les ornements qui distinguent principalement la frise corinthienne sont les rinceaux de feuilles d'acanthe.

Voici l'historique du chapiteau corinthien : « Un vase fut déposé sur un tertre recouvrant la tombe d'une jeune fille morte, prête à se marier ; ce vase fut placé par hasard sur une racine de plante d'acanthe, et fit naître une merveille : les feuilles et tigettes, poussant au printemps à l'entour, et se recourbant sous la tuile qui le recouvrait, produisirent, par l'inspiration de Callimaque, célèbre sculpteur, le chef-d'œuvre du chapiteau corinthien, qui ne cessera d'être admirable, ainsi, pour le dire en passant, que le chapiteau palmier venu d'Egypte et exécuté à la colonne de la Porte-Paris.

» Du vase où tous les joyaux de la jeune fille furent déposés comme dans une corbeille de mariage, ne pouvons-nous en retirer, par la pensée, le collier de perles, la couronne virginale, une lyre, la flèche, les épis, les diamants, enfin un trésor d'ornements et de pierres précieuses, pour en faire l'application à l'ornementation variée du chapiteau corinthien; car, comme dit M. Joubert, il n'y a pas de musique plus agréable que les variations des airs connus. »

Les trois ordres, dorique, ionique et corinthien, que nous appellerons mineurs, ordres modelés sur les Grecs, vont en amener quatre autres majeurs qui ne seront pas moins expressifs qu'eux, et qui sont nés des génies latin, romain et italien.

D'abord, le toscan (1), selon Vignole, un des législateurs de l'architecture, le toscan se distingue par un style générique; c'est un véritable caractère, quoique plusieurs auteurs, à cause de sa simplicité et de sa rusticité, l'aient considéré comme un dorique nu. Le toscan, par ses moulures bien accentuées et robustes, doit être le premier des grands ordres, présentant naturellement un caractère herculien par sa contexture.

---

(1) Cet ordre tire son origine de l'Etrurie; les Etrusques, voisins des Grecs, ont eu des rapports fréquents avec eux. Les Latins l'ont perfectionné.

Si l'on fait rayonner ou fusionner excentriquement les modillons corinthiens dans la corniche toscane, par cette fusion, elle retiendra des modillons nus qui s'harmonieront avec la simplicité de l'ordre. Exécuté dans le simple ou le composé, soit sur un petit module, soit sur un grand, il représentera toujours la force.

Le toscan que Perrault attribue à Vitruve a un entablement modillonnaire à modillons nus, représentant les bouts de pièces en charpente.

Vient ensuite le dorique mutulaire, qui est aussi un générateur, c'est pour ainsi dire la personnification de Mars ; il a de plus que le dorique simple, dont la frise a des trigliphes, les mutules, qui avec les trigliphes, en font un ordre plus élevé ou monté d'un ton plus haut; les mutules le distinguent particulièrement.

Ensuite le grand ionien, orné de modillons simples, c'est l'ordre attribué à Junon.

J'attribue les caractères des ordres à la Mythologie, qui, comme la Fable, cache la vérité sous son manteau.

Du grand ionique, ma prédilection se reporte d'elle-même tout entière, pour suivre la progression, et l'amener à son plus haut degré d'extension et d'élévation sur l'ordre romain ou jupitérien ; c'est le type puissant, magnifique, olympien : son entablement est relevé de doubles modillons, le chapiteau de la colonne se caractérise par sa formation de feuilles d'olivier. Les ornements qui distinguent principalement la frise du romain sont les rinceaux, mais accompagnés de figures historiées, les caractéristiques doubles modillonnaires ayant plus de saillie que ceux du corinthien, qui sont simplement modillonnaires.

Ce dernier ordre est essentiellement du patrimoine des

romains (1). Cet ordre a été signalé et l'est encore par beaucoup d'auteurs comme composite, d'après l'opinion de ceux qui font autorité, et contre laquelle on doit d'autant se mettre en garde, que leurs erreurs sont plus respectables.

Le romain double modillonnaire de la maison dorée de Néron peut être considéré comme la corde d'or de la lyre architecturale.

Il n'en est pas moins constant que le dorique, l'ionique et le corinthien ont été inventés par les architectes et les sculpteurs grecs, et que le toscan, l'ionique modillonnaire, le composite denticulaire, le romain double modillonnaire, ont été inventés et illustrés par les architectes romains et italiens.

A chacun des espacements des sept ordres cardinaux (2), nous en intercalerons un, nommé composite ou ordre secondaire intercalaire, produit des deux voisins, confondant en eux leurs caractéristiques par la conjugaison.

Ainsi, entre le dorique simple et l'ionique à denticules, nous obtenons un clorique à trigliphes et denticules.

Entre l'ionique et le corinthien, un composite denticulaire (3) ou un ionien modillonnaire et denticulaire ou simplement à modillons corinthiens.

---

(1) Les sept ordres décrits ci-dessus sont à l'architecture comme sont à la belle vallée de Royat, en Auvergne, les sept sources qui sont jaillissantes, limpides, abondantes, fertilisantes, et qui font de la végétation de ce lieu un prodige unique en France. Ces puissants jets de l'architecture ont fécondé et féconderont toujours ce bel art.

(2) Qui sont considérés comme sept puissances ainsi dénommées : première, deuxième, troisième, quatrième, cinquième, sixième et septième.

(3) Cet ordre est de la composition des Latins.

Entre le toscan et le grand dorique à mutules et trigliphes, un toscan mutulaire; cet ordre a été illustré par Lucotte, savant architecte.

Entre ce dorique et l'ionien, un dorique à modillons.

Entre l'ionique et le romain, un ionien à doubles modillons, tel que l'a illustré Bellanger, ou mieux encore un composite double modillonnaire.

En supposant que ces douze ordres, dont sept primordiaux ou positifs, et cinq composites ou négatifs, soient réunis en cercle pour le fermer, j'ai conçu la pensée de mettre à la suite du romain un treizième ordre mixte, appelé la cariatide à denticules; sa jonction avec le premier ordre dorique sera alors toute naturelle, car si vous transposez les denticules sur les trigliphes du dorique, vous reproduisez le dorique à denticules et trigliphes qui reprend sa place dans la classification ci-dessus démontrée.

Ou bien, entre la cariatide et le premier dorique naîtra, en tête de l'échelle, l'ordre persique quatorzième ordre, qui représente une figure persanne, que surmonte un entablement à trigliphes et denticules.

Ici se termine ou commence le cercle immortel qui fait sa jonction, comme le serpent, son emblème, la fait en mordant sa queue. Ce cercle se répercutera alors à tous les points de distance de ses rayons en harmonie continue de caractères et de demi-caractères sur quatorze ordres complets, dont sept premiers, cinq secondaires et deux mixtes.

Si nous mettons maintenant les ordres grecs et romains en parallèle :

L'ordre dorique du temple de la Victoire Aptère répond au dorique de Vitruve; viennent ensuite l'ionique à denticules pris dans les antiquités ioniennes (1er volume), et celui des thermes de Dioclétien. Le corinthien de l'arc de Thésée, ou simplement à denticules, ou enrichi des modillons de l'arc de Sergius à Pola, sera mis en parallèle avec le corinthien romain du Panthéon.

Le pœstum sans mutules, tel qu'il a été rendu par Percier dans une étude, peut être mis en parallèle avec le toscan.

Le pœstum peut être rendu modillonnaire ainsi que Ledoux, architecte pittoresque dans toutes ses compositions, nous en a donné des modèles aux barrières de Paris. Je fais cette fusion en passant, par analogie, avec celle du toscan qui a été citée plus haut.

Je dirai aussi, en observation, que le pœstum a été exécuté mesquinement à Paris dans l'application qui en a été faite aux corps-de-garde; cet ordre doit être exécuté sur un grand module pour produire tout l'effet dû à son caractère.

Si nous mettons en parallèle le grand dorique du temple de Minerve, nommé Parthénon (1), et celui mutulaire illustré par Vignole, nous obtenons :

---

(1) Le Parthénon, dit un auteur, demeure inimitable. La Renaissance n'est qu'un éclair.

« C'est à Athènes, dit Chambrai, que l'architecte devrait aller faire » ses études pour accoutumer ses yeux et conformer son imagination » aux idées de ces excellents esprits qui, étant nés parmi la lumière et » dans la pureté du plus beau climat de la terre, étaient si nets et si » éclairés, qu'ils voyaient naturellement les choses que nous découvrons » ici à peine, après une longue et pénible étude de l'architecture an- » tique. »

« Puisqu'il ne peut être donné à tous les artistes, dit Quatremère de

Le grand ionique de l'aquéduc d'Adrien et celui modillonnaire illustré et rendu classique par Palladio, architecte italien, ainsi que par Scamozzi.

L'ordre du stoa ou portique du temple de Jupiter olympien, construit sous Adrien, par un architecte grec *(ouvrage de Stuart, traduit par Landon)*, en parallèle avec le romain double modillonnaire emprunté à la maison dorée de Néron, consacrée à un temple du soleil sur le Mont-Quirinal.

La cariatide grecque, dans ce parallèle, répondra à la cariatide romaine (*voyez* Piranèze); et, enfin, l'ordre persique grec à l'ordre persique romain. On connaît assez l'origine de ces deux mixtes pour qu'il soit inutile de la rapporter ici. Les ordres mentionnés ci-dessus ont acquis, à juste titre, une approbation séculaire.

L'ordre caractérisant la lanterne de Démosthènes est le type de l'ordre attique.

La fusion de deux ordres collatéraux, pour en former un composite, a une influence implicite sur les Grecs et les Romains.

Quincy, d'entreprendre un tel voyage et de voir, en original, ces grands modèles de l'art; au moins, ne sauraient-ils trop consulter les dessins que nous devons au zèle des illustres voyageurs qui nous en ont retracé les fidèles copies. » (Maintenant, les pensionnaires du gouvernement vont à Athènes.)

Dans une exposition du Louvre, sous l'empereur Napoléon, les principaux monuments de la Grèce et voire même de Rome, ont été vus exécutés en plâtre, réduits à une échelle exacte. Il est à jamais regrettable que le gouvernement ait laissé vendre séparément à des particuliers cette précieuse collection qui ne laissait rien à désirer sous le rapport de l'art et de l'exécution.

Ainsi, entre le dorique et l'ionique, nous aurons un dorique denticulaire; entre l'ionien et le corinthien, un ionique denticulaire et modillonnaire ou bien un composite denticulaire.

Entre le pœstum sans mutules et le dorique mutulaire, un pœstum mutulaire.

Entre ce dorique et l'ionique d'Adrien, un dorique à denticules grecques, c'est-à-dire presque carrées, ainsi que l'ont pratiqué les Grecs pour le grand ionien, denticules qui ont l'expression des modillons de l'ionique romain.

Entre cet ionien et l'ordre olympien, un ionique modillonnaire, ou bien un composite double modillonnaire; entre la cariatide et le dorique premier de l'échelle, *et vice versa,* le dorique grec.

Les caractères des ordres architectoniques se croisent, s'arrêtent, se modifient. Il faut saisir ce juste milieu en-deçà ou au-delà duquel ces caractères cessent d'être ou perdent plus ou moins de leur couleur première, qui fait l'essence de leur type.

Dans l'ensemble des premiers caractères, on voit les principes simples et généraux qui doivent éclairer, guider un élève et le mettre en verve, au-devant des divers foyers de ces caractères pour en composer toutes les nuances.

Il y a, pour arriver à la composition, trois opérations de l'esprit à faire l'analyse, la synthèse et l'amalgame de deux caractères.

De même que les caractéristiques des entablements se fondent entr'eux, de même ceux des chapiteaux doivent avoir aussi leurs fusions harmoniques, d'où vient la formation des chapiteaux composites; ainsi, le chapiteau de l'ordre dorique mutulaire, dont la cymaise est enrichie d'oves, se marie au chapiteau corinthien, le tailloir restant de même, le gorgerin peut être enrichi de feuilles d'acanthe ainsi que la colonne monumentale élevée à Boulogne-sur-Mer, ou comme les chapiteaux de la salle des antiques au Louvre. Notez aussi que le gorgerin des chapiteaux ioniques peut être enrichi de feuilles de laurier ou d'acanthe, de palmettes, etc., ainsi que l'on en voit un exemple au Louvre dans la galerie de sculpture qui conduit au grand escalier. Ces chapiteaux sont de l'invention de Percier; il y en a également un modèle dans la salle des cariatides. Par ces mélanges, l'on arrive à une architecture de renaissance qui devient nationale par le génie de nos artistes; des conceptions analogues et identiques sont des propriétés, de même que des copies qui ont une heureuse application.

Il y a deux manières de chapiteaux composites, dont les volutes se traitent différemment, ou quand elles semblent sortir du vase ou tambour du chapiteau, et pour lors elles sont appelées volutes naissantes, comme celles de l'arc de Titus et celles de Vignole, de Palladio et de Scamozzi, ou lorsque leurs tiges sont droites et qu'elles partent de derrière la fleur de l'abaque, comme aux chapiteaux des arcs de Septime Sévère et des orfèvres. Ces chapiteaux peuvent être mélangés de feuilles d'acanthe et de feuilles de laurier alternativement, ou de feuilles de laurier et de feuilles de persil. Ainsi, le chapiteau composite, dont la tige des volutes est droite, appartiendra *à l'entablement denticulaire*, les volutes ayant moins de saillie, et le chapiteau, dont les volutes *semblent sortir du vase*, appartiendra à l'entablement double modillonnaire, ces volutes étant plus prononcées et plus accentuées. *(Voir page 333 de l'ouvrage in-quarto de d'Aviler. — Voir également le Parallèle des ordres, par Chambrai.)*

Les ordres grecs, cités plus haut, sont des conceptions nouvelles qui ont été inspirées par leur parallélisme avec les ordres romains, dont j'ai dit que les caractères étaient plus prononcés. Cette classification découvre aux jeunes artistes une source féconde et inépuisable.

Les ordres grecs et romains, nous pouvons dire devenus français, formeront deux cercles gradués parfaitement harmoniques, au centre desquels les compositeurs se plaçant, par l'imagination et la spontanéité de leur pensée, pourront féconder leur génie au feu des rayons qui en émanent et réaliser leurs inspirations.

Tel est le but de la première étude des ordres d'architecture grecque et romaine ; elle servira à fixer les souvenirs des maîtres, et sera pour les élèves un guide assuré avec lequel ils ne pourront plus s'égarer dans des voies incertaines.

ÉTUDE DEUXIÈME.

SUR LA DOUZIÈME ET LA DIX-SEPTIÈME ARCHITECTURALES.

J'ai annoncé dans l'Etude première les places que j'avais imaginé de donner aux ordres mixtes ou mi-partie persique et cariatique, celui-là en tête de l'échelle génératrice pour donner la clé des ordres premiers et ouvrir la porte aux douze ordres mélangés. Ces deux générateurs se placeront, l'un ou l'autre, soit à l'origine, soit à la fin de l'échelle à composer, le choix dépend du motif de la composition ou du caractère général que l'on veut imprimer à la série ; ces deux mixtes devront, dans tous les cas, être considérés comme les clés d'ouverture et de fermeture.

Dans cette Etude, cependant, je fais abstraction de ces deux générateurs, et je prends les ordres sans ces deux auxiliaires pour les faire concourir les uns par les autres sans secours étrangers à produire des tons naturels et mélangés. Je prends la lyre des ordres dans toute sa pureté pour l'essayer, et je laisse les clés qui donneront ouverture à l'échelle chromatique, dont je traiterai dans l'Etude troisième. Dans cette deuxième, les tons se moduleront par des révolutions et produiront la douzième et la dix-septième pour préparer aux exercices que nous ferons dans la suite de cet ouvrage.

Les deux échelles préparatoires dont il s'agit, par leurs

dénominations, indiquent assez le nombre d'ordres qui les composent ; elles s'obtiennent, non par la méthode composite, que l'on verra réaliser dans la chromatique, mais par des contrastes et oppositions tranchées, c'est-à-dire pour la douzième, par la superposition de l'entablement d'un ordre ascendant sur celui descendant, d'abord en montant progressivement, de degré en degré, sur l'échelle naturelle ou primitive, et ensuite en rétrogradant, pour suivre la marche de permutation, et dans les deux sens, par des retours qu'elle fera sur elle-même.

Elle se compose, comme nous l'avons expliqué, de sept ordres primordiaux ou générateurs, auxquels nous joignons un huitième qui montera d'un degré plus haut que dans l'ordre naturel, et sera appelé ordre dorique denticulaire, abstraction faite des trigliphes, lequel ordre donnera jour à la douzième par sa composition et sa position à la suite des ordres fondamentaux.

Partant de ce huitième ordre ou degré, il nous en faudra quatre pour compléter la douzième ; ici l'échelle génératrice a fait un retour rétrospectif d'un degré sur elle-même, par l'application de l'entablement ionique sur la colonne dorique ; poursuivons donc le cours de nos gradations ascendantes et descendantes.

L'entablement corinthien est enlevé de sa colonne, se place sur la colonne ionique dégagée du sien, et produisent un ionique modillonnaire, neuvième de l'échelle. Ensuite, l'entablement du toscan se transmet à la colonne corinthienne et forment ensemble un corinthien toscan, 10 ; celui du grand dorique à celle toscane, et en font un toscan mutulaire, 11 ; celui du grand ionique se mariant à celle du grand dorique produisent un grand dorique modillonnaire, 12.

L'échelle naturelle, comme il est évident, a fait une première révolution sur elle-même par degrés ascendants sur ceux descendants, à son départ, comme plus bas nous verrons qu'au retour et dans son renversement, elle le fera aussi négativement par degrés ascendants et rétrogrades, *et vice versa;* mais allons pas à pas ainsi que les géomètres, du connu à l'inconnu, et passant avant à la dix-septième qui s'obtient par une double révolution de l'échelle génératrice et par des retours sur chaque ordre en particulier pour agir sur chacun des autres.

Reportons-nous toujours à l'échelle primitive : à la première révolution, l'ionique a rayonné immédiatement sur le dorique; à cette seconde, c'est le corinthien qui rayonnera sur le même dorique médiatement, c'est-à-dire, en laissant l'ionique au milieu; ainsi, le petit dorique en tête prend l'entablement du corinthien, troisième ordre, et forme un petit dorique à modillons corinthiens, 1; le petit ionien, deuxième de l'échelle, prend celui du toscan quatrième et produit un ionique toscan, ou, en passant, si l'on veut lui donner la préférence, un toscan denticulaire, 2; voici la marche indiquée, poursuivons (1).

Le corinthien prend l'entablement du grand dorique pour former un corinthien mutulaire, 3; l'entablement grand ionien se superpose à la colonne toscane et forment un toscan modillonnaire, 4; l'entablement romain se

---

(1) Le toscan comme l'hercule Farnèse peut allier la force à la grâce.

superpose à la colonne du grand dorique, et forme avec elle un dorique double modillonnaire, 5.

Suivons toujours notre marche permutante; des ordres ascendants on revient à ceux rétrogrades; ainsi l'entablement du petit dorique se superpose au grand ionien, d'où naît un grand ionique à entablement dorien simple, 6; ensuite, celui du petit ionien à la colonne du romain produit un composite denticulaire, 7, et en suivant médiatement toujours les degrés rétrogrades ascendants, et prenant les ordres primitifs les uns après les autres pour recommencer des retours, nous obtenons :

Un petit dorique toscan, 8; un petit ionien mutulaire, 9; un corinthien à modillons ioniens, 10; un toscan à doubles modillons, 11; un grand dorien à trigliphes seulement, 12; puisqu'il retourne sur le petit dorique, et de là viennent un grand ionien à denticules, 13; un romain à modillons corinthiens, 14.

Ici le petit dorique répond au grand et forme un petit dorique mutulaire, 15; le petit ionien au grand produisent un petit ionique à modillons ioniens, 16, et, enfin, le corinthien, conjugué avec le romain, forment un corinthien double modillonnaire, ou bien, au gré du compositeur, nous dirons un corinthien à doubles modillons, 17.

Nous voyons donc que ces deux échelles se forment par grands espaces médiats et immédiats, et au moyen pour ainsi dire de couleurs tranchantes.

La critique s'exercera sans doute sur certains contrastes, qui paraissent tout d'abord produits par des éléments hétérogènes, je l'ai prévu d'avance; mais si l'on fait attention à ce que les contrastes produisent souvent de beaux effets, qu'il y a des dissonances que le talent peut préparer et sauver par la trempe de certains génies ; si l'on pense au rapport et analogie que les arts ont entre eux dans l'emploi de leurs moyens pour produire des effets inattendus, tels que l'on en voit dans les bâtiments pittoresques de Paris et ailleurs, analogie qui peut passer pour de la similitude, on aura égard à ce que les musiciens, pour essayer leurs instruments, parcourent tous les tons par octaves et modulent principalement sur la tierce, la quinte et la sixte, et harmonient les tons en les rabaissant un peu par-ci, un peu par-là pour les modifier au ton général ; si l'on fait attention aussi que les peintres font de même dans la préparation de leurs couleurs sur la palette, on verra encore, par cette analogie et son parallélisme, qu'il est facile de nuancer des ordres contraires et contrastants, en apportant de certaines modifications et douceurs comme des augmentations, âpretés, et accentuations pour les élever ou les rabaisser au ton de la colonne et du ton de la colonne à celui de l'entablement.

Avec les concessions que les artistes voudront bien me faire d'abord, nous arriverons à la quatorzième ou chromatique, formée de demi-tons mélangés, procédant par demi-espaces, ayant une harmonie bien supérieure, car c'est l'harmonie par excellence, l'harmonie primitive et fondamentale ; mais il fallait, pour y monter, accorder ou plutôt désaccorder notre lyre ; souvent d'un beau désordre naît tout-à-coup un ordre admirable, et, comme a dit Boileau, un beau désordre est un effet de l'art.

Avant d'entrer dans la chromatique, qui sera traitée dans l'Etude suivante, nous essaierons le renversement des échelles *douzième* et *dix-septième*.

Voici tout d'abord leur tableau résumé dans l'ordre naturel, dont les détails précèdent ; nous traiterons ensuite du renversement.

DOUZIÈME.

ORDRES MINEURS.

1. Petit Dorique à trigliphes.
2. Ionique à denticule.
3. Corinthien modillonnaire (orné d'acanthes).

ORDRES MAJEURS.

4. Toscan.
5. Dorique à trigliphes et mutules.
6. Ionique à modillons nus.
7. Romain à doubles modillons.

} Diatonique ou échelle génératrice.

ORDRES MÉLANGÉS.

8. Petit Dorique denticulaire.
9. Petit Ionien à modillons corinthiens.
10. Corinthien-toscan.
11. Toscan mutulaire.
12. Grand Dorien modillonnaire.

Il y a trois genres d'échelles nommées douzièmes : la petite, la moyenne et la grande.

La petite est formée par les trois premiers ordres de l'échelle diatonique, qui comptent ou se distribuent par quatre, fait douze espèces.

La moyenne douzième est formée par quatre ordres représentant chacun trois tiers de caractères, et par conséquent douze espèces.

La grande douzième, ou chromatique, est représentée

par sept ordres premiers ou intervallaires, et cinq intercalaires.

Il s'ensuit que la petite douzième est formée de quarts de caractères, que la moyenne douzième est formée de tiers de caractères, et que la grande douzième est formée de caractères et demi-caractères.

Pour préparer à la combinaison de la dix-septième, voici d'abord une quatorzième :

QUATORZIÈME ARCHITECTONIQUE.

ORDRES OPPOSITES.

1. Dorique simple ou pur.
2. Dorique denticulaire.
3. Ionique à trigliphes.
4. Ionique à modillons corinthiens.
5. Composite modillonnaire et denticulaire.
6. Corinthien denticulaire (accentué), c'est-à-dire, à denticules accentuées ou très-prononcées.

Ces six caractères sont croisés.

POINT DE PASSAGE.

7. Toscan simple ou pur.
8. Toscan mutulaire.
9. Dorique mutulaire.
10. Dorique modillonnaire.
11. Ionien à mutules et trigliphes.
12. Ionien double modillonnaire.
13. Composite double modillonnaire et denticulaire.
14. Romain ou grand Corinthien double denticulaire, c'est-à-dire, à denticules très-accentuées.

Ces huit ordres sont croisés.

Le rayonnement qui frappe sur deux ordres de caractère différent, consiste dans la permutation et la fusion de ces deux caractères pour en former un troisième. De cette opération doit naître un véritable composite, qui participe de deux ordres collatéraux ou sympathiques.

Cependant la permutation peut avoir seule son effet sans qu'il y ait fusion ; ainsi l'on peut échanger les entablements de deux ordres, par exemple, en donnant l'entablement ionien à la colonne dorienne, sans mélanger leurs caractéristiques ni leurs chapiteaux ; ces ordres se nommeront *demi-composites*. La colonne dorienne supportera donc un entablement ionien, purement et simplement : c'est ce que l'on peut appeler l'harmonie fraternelle et sororale. Les contrastes produisent des effets inattendus et qui deviennent harmonieux en des mains habiles. La métamorphose de l'un ou de l'autre ordre ne sera donc pas complète ; elle ne peut l'être entièrement que dans un véritable composite, comme le composite denticulaire romain, illustré par Vignole, ordre tellement bien composé par sa conjugaison, qu'il peut être placé comme un chef-d'œuvre en première ligne, et qu'il doit être mis au rang des premiers caractères ; ainsi, dans un grand homme ne voit-on pas réunie la valeur de deux grands hommes : voyez Plutarque.

Nous voici arrivés à la dix-septième :

DIX-SEPTIÈME

1. Petit Dorique à modillons corinthiens.
2. Petit Ionique avec entablement toscan
3. Corinthien mutulaire.
4. Toscan modillonnaire (grand Ionien).

5. Grand Dorique double modillonnaire.
6. Grand Ionique avec entablement du petit Dorien.
7. Romain à denticules.
8. Petit Dorique toscan.
9. Petit Ionique mutulaire.
10. Corinthien à modillons (grand Ionien).
11. Toscan à doubles modillons du Romain.
12. Grand Dorique à trigliphes seulement.
13. Grand Ionique à denticules.
14. Romain à modillons corinthiens et denticules (1).
15. Petit Dorique mutulaire (2).
16. Petit Ionien à modillons (du grand Ionien) peu accentués.
17. Corinthien à doubles modillons.

Le renversement des échelles douzième et dix-septième se fait en superposant l'entablement du dernier ordre sur le suivant qui le précède, dans l'ordre qu'ils ont aux tableaux, et ainsi de suite jusqu'au dernier degré de chacune de ces échelles.

Remarquons que lors du renversement, quelques ordres rétrogrades, recevant la superposition, ont une légère nuance de plus que les ordres gradués naturellement, puisque le reflet d'un troisième ordre influera nécessairement sur leur contexture, c'est ce que l'on appréciera mieux que je ne puis le décrire dans les tableaux ci-après :

---

(1) Celui-là entre dans le caractère des trois colonnes du Campo-Vaccino, à Rome; les denticules doivent être très-prononcées et accentuées.

(2) Cet ordre entre dans le caractère du dorique grec, c'est-à-dire, à mutules peu accentuées.

RENVERSEMENT DE LA DOUZIÈME.

1. Grand Dorique mutulaire avec nuance toscane (1).
2. Toscan avec l'entablement corinthien modifié.
3. Corinthien à modillons corinthiens avec nuance ionienne.
4. Petit Ionique à denticules avec nuance dorienne.
5. Petit Dorique à doubles modillons.
6. Romain à modillons ioniens.
7. Ionique à mutules.
8. Grand Dorique toscan.
9. Toscan à modillons corinthiens réduits à la nudité.
10. Corinthien à denticules.
11. Ionique dorien.
12. Petit Dorien modillonnaire.

Ce dernier a permuté avec le grand Dorique modillonnaire.

RENVERSEMENT DE LA DIX-SEPTIÈME.

(Voir pages 35 et 36.)

1. Corinthien à modillons (grand Ionien), avec la nuance du petit Dorique.
2. Petit Ionique mutulaire avec la nuance du petit Dorien.
3. Petit Dorique à modillons corinthiens avec celle du Romain.

---

(1) C'est-à-dire que quelques moulures toscanes se confondront avec le style dorique et avec le style grand ionien. (Voir page 33.)

4. Romain à denticules avec celle du grand Ionien.
5. Grand Ionique à trigliphes avec celle du grand Dorien.
6. Grand Dorique à doubles modillons avec nuance toscane.
7. Toscan à modillons ioniens avec celle corinthienne.
8. Corinthien mutulaire (Mars et Vénus sont en harmonie, et peuvent donc se conjuguer avec nuance du petit Ionien).
9. Petit Ionique avec la nuance de l'entablement toscan, mêlée avec celle du petit Dorique.
10. Un petit Dorique à denticules avec la nuance du Romain.
11. Romain à entablement petit Dorien avec celle du grand Ionique (1).
12. Grand Ionien double modillonnaire avec la nuance du grand Dorique.
13. Grand Dorique modillonnaire avec celle du Toscan.
14. Toscan mutulaire avec la nuance du Corinthien.
15. Corinthien toscan à modillons ioniens.
16. Petit Ionique à modillons corinthiens avec la nuance du petit Dorique.
17. Petit Dorique à doubles modillons avec la nuance du Corinthien.

(1) Dans le Parallèle des ordres d'architecture, par Chambray, on voit l'exemple admirable d'un ordre du temple de Jérusalem, d'après la description de Vilalpandus; cet ordre peut être le modèle de celui qui est projeté ici, son chapiteau est orné de feuilles de palmier, et l'entablement a une frise composée de trigliphes couronnés par des modillons corinthiens : avec certaines modifications et abstractions un artiste peut en faire sa propriété.

Les générateurs principaux, pour opérer les différentes permutations des ordres, sont : l'abstraction, la superposition, le mélange des caractéristiques, le parallélisme de deux caractères, la réflexion et convergence de deux demi-tons ; c'est ce que l'artiste sera à même d'apprécier dans la chromatique qui est l'échelle la plus parfaite de l'ensemble des ordres ; je la développerai et compléterai dans l'Etude suivante. Dans celle-ci, j'ai épuisé, en partie, toutes les permutations et combinaisons qu'il est possible, à première vue, de faire subir aux ordres, en combinant d'abord deux couleurs tranchées, et ensuite par le renversement, fondues dans une légère nuance de moulures qui en formeront, pour ainsi dire, le glacis, afin d'effacer le tranchant de deux couleurs souvent opposées, car le mélange d'un troisième ton ou caractéristique produirait une couleur indécise et de mauvais goût. Le supplément d'une nuance ajoutée à deux couleurs tranchantes, les fondent dans un même ordre, c'est le dernier effort de l'art.

Ainsi, n'imitons pas entièrement et à la lettre l'ordre qui, d'après Laugier, dans son Essai sur l'Architecture, se trouvait exécuté au portail intérieur d'une ancienne église, rue Culture-Sainte-Catherine, à Paris, où l'on voyait, sur une colonne et une architrave corinthiennes, s'élever une frise dorienne, couronnée d'une corniche ionienne. Ce composite, quoique assez beau et même ingénieux par la réunion des trois ordres sur un seul, représentait cependant l'indécision d'un caractère mélangé de trois couleurs sans retenue.

Il faut nuancer habilement le mélange de deux couleurs opposées. Il faut que les moyens dont on se sert dans la composition d'un ouvrage, pour le faire ressortir davantage, s'effacent et disparaissent complétement dans l'exécution.

L'on peut, dans la hauteur d'une façade, au moyen d'entablements, de corniches intermédiaires et supérieures, obtenir la réunion de trois ordres, ménagée de manière à laisser assez d'air dans l'espace donné pour que l'œil n'en soit pas offensé, mais toutefois en se conformant aux motifs donnés par la construction. C'est une œuvre difficile et qui n'appartient qu'aux grands maîtres; elle devient heureuse, si elle est fondée sur le génie, l'étude, l'expérience et le goût.

Philibert Delorme nous en a donné une application au château d'Anet. A la façade du bâtiment du fond, il y avait un portail au milieu, sur lequel s'élevaient les trois ordres dorique, ionique et corinthien superposés, dont les intervalles étaient décorés de niches, de statues et de bas-reliefs d'un charmant effet. Ce morceau d'architecture a été sauvé de la destruction qui le menaçait, par A. Lenoir, et l'on peut à présent en admirer l'ensemble dans la première cour de l'Ecole des beaux-arts, à Paris.

C'est donc aux experts architectes à toucher ces cordes-là; la part que je me suis faite est d'indiquer l'entrée de la route aux élèves, c'est à eux de la parcourir avec des maîtres ès-arts.

ÉTUDE TROISIÈME.

SUR LES DEUX MIXTES PERSIQUE ET CARIATIQUE, OU TÉLAMONS;

DE L'INFLUENCE QU'ILS ONT SUR L'ÉCHELLE GÉNÉRATRICE, D'OU DÉCOULERA LA FORMATION DES SÉRIES NEUVIÈME, DIXIÈME ET QUATORZIÈME ARCHITECTURALES, OU DOUZIÈME EN COMPTANT LES DEUX MIXTES.

Pour faire briller dans tout leur lustre les beautés architecturales qui nous viennent des anciens, il était indispensable de donner une place aux mixtes persique et cariatique, dont la composition est si ingénieuse; il en reste des types si admirables, soit à Athènes, soit à Rome, et notamment à Paris, par exemple au Louvre, les cariatides de Jean Goujon et de Jacques Sarrasin, que ce serait laisser une vraie lacune de ne pas leur donner rang parmi les types principaux. Ils sont reçus d'ailleurs dans les meilleurs ouvrages publiés sur l'architecture; ils ont en outre traversé les siècles avec approbation, en trouvant des applications heureuses, malgré quelques critiques qui trouvent surnaturel de faire porter des entablements par des figures de femmes ou d'hommes. On voit qu'ils prennent trop à la lettre une composition qui ne doit être considérée que sous un rapport idéal, si elle n'est pas caractéristique... Dans un sens inverse on pourrait donc reprocher aux grands sculpteurs de ne pas donner assez à ces figures idéales l'expression de la vie réelle. Quelque opinion qu'on puisse avoir à cet égard, il est certain que Jean Goujon est le premier qui fit naître dans l'art moderne l'emploi de ces figures de style mixte, qui établissent pour ainsi dire une fusion entre l'architecture et la sculpture. Les beaux-arts ne s'occupent du vrai que pour le vraisemblable.

Ces deux mixtes (1) vont être considérés dans cette troisième Etude comme les deux clés de l'architecture des ordres grecs et romains. L'on peut les revêtir des figures de caractères applicables à chacun des ordres, comme je l'ai fait pressentir dans l'Etude première, ainsi que des ornements qui leur sont identiques : l'un ou l'autre de ces mixtes sera leur clé ou générateur. On pourra les placer ou les métamorphoser, portant telle ou telle figure de caractère, telle ou telle touche caractéristique au départ comme à l'arrivée des échelles que l'on voudra composer, faisant nombre avec les ordres de chacune et servant comme d'ouverture ou de fermeture, soit en montant, soit en descendant.

On les retrouvera de même dans la suite de cette Etude, selon les mutations que je ferai opérer à chaque révolution. Je suivrai une marche rationnelle, afin d'aller progressivement du connu à l'inconnu. L'architecte ou le peintre pourra s'exercer à en combiner d'autres suivant l'impulsion de son génie, et au moyen de ces deux mixtes, faire telle application, telle subversion, tel mélange,

(1) Le persique ou Télamon est l'expression de la force que l'homme emploie pour le transport et la pose des matériaux pendant la construction. La cariatide est l'expression de la force et de la puissance de la construction même.

enfin telle abstraction que lui inspirera l'imagination.

Je dis le peintre, car le peintre est appelé aussi bien que l'architecte, pour la perfection de l'art, à produire des chefs-d'œuvre dans ses compositions historiques; les expositions des tableaux au Louvre l'ont bien prouvé, et notamment le plafond de l'apothéose d'Homère, Hélène et Pâris, par David, et tant d'autres où l'architecture est traitée d'une manière grandiose; dans le tableau de la mort de Brutus où l'architecture grecque est encore traitée avec sublimité. Désormais nos peintres sont appelés à rendre l'architecture avec plus de pureté que leurs devanciers par l'élan qu'ils ont pris aux expositions du Louvre (1).

Je conserverai aux mixtes les dénominations de cariatide et de persique (2), puisque eur invention nous vient des Grecs. Je pourrais énumérer ici tous les caractères dont on peut les doter, caractères que j'ai dits inhérents à chacun des ordres dont ils doivent être les représentants et les motifs de composition; mais ce n'est pas ici la place. Pour rendre la marche plus simple, je me servirai de ces types mixtes comme de deux unités de tons.

Les touches caractéristiques des générateurs sont : le trigliphe du dorique, le denticule de l'ionique, le modillon orné du corinthien, le quart de rond et le talon robuste et rustique du toscan, même le modillon nu

---

(1) Les peintres d'histoire pourront, je l'espère, trouver quelque utilité dans mes Etudes, à l'effet de bien apprécier les caractères des ordres qui doivent être en rapport avec leurs compositions historiques.

(2) Les deux persiques du Musée de Paris qui sont restés à l'état d'ébauche, sont de Michel-Ange, sculpteur et architecte.

suivant le Vitruve, illustré et traduit par Perrault ; ce modillon est la représentation de la solive ; ou le trigliphe nu suivant Scamozzi représentant la poutre, le mutule et le trigliphe du grand dorique, le modillon simple mais galbé du grand ionien, et enfin le double modillon du romain.

« Les faces d'amont et d'aval des ponts à l'instar des » ponts de la Concorde et d'Iéna seraient revêtues, avec » économie, des caractéristiques de l'architecture ; ainsi, » pour ma justification, j'ai fait vingt-quatre Etudes tant » grecques que romaines, représentant les principaux » caractères, l'une dorique pur, la 2e dorien à trigli- » phes et denticules, la 3e ionique denticulaire, la » 4e composite denticulaire, la 5e corinthienne, la » 6e sur le toscan, la 7e sur le toscan mutulaire, la 8e » sur le grand dorien, la 9e dorien double mutulaire, » la 10e grand ionien modillonnaire, la 11e grand com- » posite double modillonnaire et la 12e romain double » modillonnaire ; voici pour l'architecture romaine. Pour » l'architecture grecque j'ai pris les ordres correspon- » dants, tels que je les ai indiqués dans le cours de cet » ouvrage. J'ai à cet effet établi deux échelles progres- » sives et j'ai donné à la largeur des arches la hauteur » des colonnes, comme si elles étaient couchées, et sur » leurs proportions j'ai établi celles des ponts (1). »

Revenons à notre sujet : la cariatide et le persique, en tant qu'ils sont pris pour principes des premières

---

(1) J'ai supposé que les cinq premiers avaient 1m 50c de diamètre, et les sept autres 2m, parce que ce sont les grands ordres.

unités de caractères, conserveront l'un le trigliphe, l'autre le denticule, et seront considérés l'un ou l'autre comme véhicules, c'est-à-dire donnant les tons aux autres ordres; ils seront couronnés de toutes les touches ou caractéristiques que l'on voudra leur appliquer.

Or, ces deux mixtes pourront recevoir tour-à-tour les qualités de dorien, d'ionien, de corinthien, de toscan, de grand dorien et de romain ou bien de corinthien double modillonnaire. Ainsi ils recevraient les dénominations de cariatide dorienne, persique, ionien, etc... La cariatide représentera ou des figures allégoriques comme l'architecture, la géométrie, l'astronomie, muse dont les lumières fortifient le génie d'un grand architecte en lui donnant des motifs d'application dans les combinaisons et l'arrangement des plans d'églises, d'observatoires, de palais et de monuments distingués, etc..; de même que le persique représentera des figures mâles, telles que l'héroïsme : Bellone, Spartacus, etc. Dans leur sculpture, se grouperont les harmonies conjugales paternelles et maternelles, les filiales, fraternelles, sororales, ainsi que les harmonies de l'amitié; entr'autres exemples de ces harmonies groupées, celui de l'harmonie conjugale qui vient à ma pensée, de la femme de Pétus présentant un poignard à son mari après s'en être percé le sein, en lui disant par dévouement : «Tiens, Pétus, cela ne fait pas de mal.» Ce groupe est représenté en marbre dans le jardin des Tuileries : ce motif peut donner jour à une composition cariatique et persique harmoniés. Le persique pourrait être encore représenté par Philémon, et la cariatide par Baucis.

Je ferai voir ci-après comme ces deux mixtes vont

agir l'un et l'autre, en les combinant entr'eux, sur les échelles que je nommerai par analogie avec la musique, cette autre sœur chérie des arts : diatonique ou neuvième, dixième, quatorzième et dix-neuvième en comptant les deux mixtes (qui servent de clé par analogie avec la musique) ; ces échelles sont réellement la septième, la douzième et la dix-septième.

Il faut d'abord que j'explique la dénomination de chacune de ces gammes ou échelles.

J'entends par la diatonique, celle qui réunit les caractères primordiaux, tels que le génie des siècles nous les a transmis, d'après les prototypes principaux des premières constructions, embellis par les inspirations des artistes sur les observations des effets de la nature et élevés à un degré de perfection telle qu'ils ont produits sept types primordiaux.

J'entends par la dix-septième ou la dix-neuvième en comptant les deux mixtes, celle qui est formée de la diatonique, par la révolution que cette échelle fait sur elle-même, en faisant passer par le secours des clés, la touche d'un ordre dans le suivant. La diatonique qui est la moitié de la dix-septième, procède par tons entiers, et l'autre moitié, qui est la dixième, par tons nuancés et gradués.

J'entends par la quatorzième (en comptant les deux mixtes ou mieux la chromatique), le mélange continue par demi-espaces, d'un ton entier avec le ton voisin également entier.

Ainsi la diatonique qui fait à la fois l'*à parte* et l'ensemble de la dix-neuvième, donnera encore naissance à la quatorzième, comme il est évident ci-après.

Je me résume : l'échelle diatonique ou neuvième par sa propre révolution, en employant la cariatide comme véhicule, produit la dixième, et par un deuxième retour sur elle-même se formera la quatorzième sur les sept ordres (le caractéristique denticulaire de la cariatide allant se fondre à ce deuxième retour avec le trigliphe du persique pour produire ensemble la cariatide à trigliphes et denticules clé de fermeture.)

La quatorzième ou chromatique est composée de tons francs et de couleurs mélangées, dont la fusion s'opère en certaines proportions; elle est d'abord plus prononcée que la dixième formée de nuances.

Ces trois révolutions ont, dans ma pensée, la forme d'une spirale; ces révolutions se trouvent résumées dans le tableau ci-après.

Dans ce tableau ne figurent pas les antes, qui étaient des colonnes carrées formant les coins des murs de la Cella dans les temples anciens. Selon Perrault, les antes sont les types des pilastres, et ne sont, le plus souvent, qu'une seule et même chose. On peut cependant y mettre cette différence, que le mot ante convient mieux aux pilastres plats qui ne montrent que leur partie antérieure, parce que ante signifie devant, et celui de *parastatæ* pieds-droits, qui sont des piliers carrés, ou qui sortent du mur la moitié ou les deux tiers du carré. Les antes doivent être considérées comme des ordres à part. On observe dans les temples d'ordre dorique grec que les chapiteaux des antes sont différents des chapiteaux-colonnes.

TABLEAU

RÉSUMANT LES ÉCHELLES DIATONIQUE OU NEUVIÈME, DIXIÈME, DIX-NEUVIÈME ET QUATORZIÈME OU CHROMATIQUE,

FORMÉES PAR TROIS RÉVOLUTIONS.

DIX-NEUVIÈME.

1re PERMUTATION.		2e PERMUTATION.
DIATONIQUE OU NEUVIÈME.	10. Cariatide à denticules, clé d'ouvre.	DIXIÈME.
1. Persique à trigliphes, clé d'ouverture.		11. Dorique à denticules.
2. Dorique à trigliphes.		12. Ionique dorien sans ou avec trigliphes.
3. Ionique à denticules.		13. Corinthien à denticules seulem^{t}.
4. Corinthien à modillons.		14. Toscan à modillons nus.
5. Toscan.		15. Dorique toscan.
6. Dorique à trigliphes et mutules.		16. Ionique à mutules seulement.
7. Ionique à modillons.		17. Romain à modillons ioniens.
8. Romain à doubles modillons.		18. Cariatide à doubles modillons.
9. Cariatide à denticules, clé de fermeture.		19. Persique à trigliphes et denticules, clé de fermeture.

QUATORZIÈME.

3e PERMUTATION.

1. Persique à trigliphes et denticules, clé d'ouverture.

Formation par le 2e retour sur la 1re révolution.		*Quatorzième ou chromatique.*
2. Dorique à trigliphes.. 3. Ionique à denticules..	produisent	4. Dorique à trigliphes et denticules.
3 *bis.* Ionique *idem*....... 5. Corinthien à modillons	produisent	6. Composite denticulaire ou ionien à modillons et denticules, ou bien en faisant rayonner sur le corinthien les denticules de l'ionique, on produit un corinthien à modillons et denticules, l'ordre de la Bourse de Paris.
7. Toscan............ 8. Dorique mutulaire...	produisent	9. Toscan mutulaire.
8 *bis.* Dorique *idem*...... 10. Ionique modillonnaire	produisent	11. Un Dorique à modillons.
10 *bis.* Ionique *idem*....... 12. Le Romain........	produisent	13. Un composite à doubles modillons.
1'. Cariatide à denticules. 2'. Persique à trigliphes..	produisent	14. Cariatide à trigliphes et denticules, clé de fermeture. On peut appliquer à ce persique la figure de Janus.

EXPLICATION DU TABLEAU.

Après la première permutation, les denticules de la cariatide passent à l'ordre dorique et ainsi de suite, ce qui produit la deuxième partie du tableau ; à celle-ci la cariatide, pour terminer la seconde révolution, marie ses denticules aux trigliphes du persique, clé de la diatonique, et produisent un persique à trigliphes denticulaires; ce mixte sert encore de clé à la quatorzième ou chromatique.

La chromatique se compose de la diatonique qui, par la réflexion de ses touches à droite et à gauche, produit dans ses espaces ou intervalles cinq ordres mélangés ou composites, lesquels avec les sept de la diatonique donnent l'ensemble de la chromatique, comme on l'a vu dans le tableau. La chromatique est la conjugaison des ordres qui consonnent et contrastent entr'eux, consonnances et contrastes forment dans les arts des harmonies admirables; ce sont eux qui produisent des chefs-d'œuvre en peinture, sculpture et architecture.

Les neuf Muses et les trois Grâces forment entr'elles douze harmonies. (Voir le frontispice de la salle de spectacle de Bordeaux.)

A la fin de la troisième permutation, la cariatide à denticules et le persique à trigliphes de la première produisent ensemble la cariatide à trigliphes et denticules, deuxième clé de fermeture.

A l'inspection de la première permutation, le persique a donné ouverture par les trigliphes sans mélange, pour montrer que le principe de l'échelle diatonique a pour base les couleurs naturelles ou primitives.

A la deuxième permutation, c'est la cariatide qui

donne l'impulsion des nuances par les denticules, et à la troisième, c'est le denticule de ce mixte qui se joignant au trigliphe du persique, conçoit et engendre la clé d'ouverture des tons mélangés de la quatorzième ou chromatique : alors le dorique de la première permutation, toujours dans son état primitif, *se conjugue* avec l'ionique, et ainsi des ordres suivants jusqu'à la fermeture complète.

Nous pouvons, d'après ces exercices et ceux que nous ferons par la suite, notamment dans l'Etude septième, animer les ordres grecs par les mêmes permutations et répercussions progressives, les signes caractéristiques romains leur étant identiques et parallèles : j'ai préféré, tout d'abord, comme je l'ai annoncé dans la première Etude, ceux qui sont plus sensibles à l'intelligence, autant que leur application est plus en usage. Je dirai par observation en terminant ce chapitre, que les moulures grecques ont quelques affinités de ressemblance avec celles de l'architecture gothique dont les moulures ont beaucoup de grâce : voir les détails de St-Germain-l'Auxerrois à Paris, église située en face la colonnade du Louvre, et ceux de Notre-Dame de Paris (1).

---

(1) En fait de beautés architecturales, dans mon séjour en Auvergne, j'ai considéré et médité avec une respectueuse admiration, dans leurs masses et détails, la belle cathédrale de Clermont, une des rivales de celle de Paris; les églises de Saint-Nectaire, d'Issoire, d'Orcival, de Saint-Saturnin, près Saint-Amant, et de Notre-Dame-du-Port, qui sont d'une architecture romane et pittoresque. Toutes appartiennent à l'histoire de l'art, et même au classique, tant pour les plans que pour les coupes et élévations.

ÉTUDE QUATRIÈME.

SUR LA PROPORTIONALITÉ DES ORDRES ET LES RYTHMES DE LEURS ESPACEMENTS OU ENTRECOLONNEMENTS.

Les proportions des différentes ordonnances, composant à la fois les échelles diatoniques et chromatiques, puisque l'une renferme l'autre, ont pour base ce principe général, que chaque ordonnance a dix-neuf parties en hauteur, y compris le piédestal, la colonne et l'entablement; en sorte que dans les ordonnances premières et secondaires, l'entablement prend toujours le quart et le piédestal le tiers de la colonne, quoique ces membres varient de proportions relativement au diamètre. La proportion du quart départie à l'entablement est la plus grandiose et pour ainsi dire la plus pittoresque, en ce qu'elle donne aux caractéristiques et aux moulures, aux cymaises et aux larmiers, enfin à tous les membres, tout l'air et tout l'espace nécessaires aux mesures rythmiques.

Vignole, qui a mesuré avec exactitude les temples antiques, a trouvé presque généralement que la hauteur des entablements et des piédestaux approchait de ces rapports avec la colonne, et il en a déduit la division en dix-neuf parties. Dans son ouvrage, il en a fait l'application à un choix d'ordres qui, s'il n'est pas complet sur le nombre des caractères, présente aux élèves quelques-uns des plus beaux modèles du genre antique. Il les a rendus classiques en réduisant en principes stables leurs belles proportions. Vignole est de tous les auteurs qui se sont occupés d'architecture, celui qui a le plus méthodiquement traité des ordres : son ouvrage est goûté et suivi généralement par les élèves, quoiqu'il y en ait beaucoup sur cette matière, mais n'offrant pas de marche certaine, si ce n'est le Parallélisme des ordres par Chambray. Palladio et Scamozzi ont aussi illustré des ordres, tels que l'ionique modillonnaire du premier et le dorique à trigliphes et denticules du second. Nos architectes français ont aussi concouru à leur perfection et ont imaginé de très-beaux composites, Chambray Philibert, Delorme Lucotte, etc.

Dans cette Etude je me suis appuyé de l'autorité de Vignole, comme plus classique dans la simplicité de ses proportions harmoniqus, plus faciles à retenir, et, en un mot, parce que ses principes sont puisés dans l'antiquité. Quoique insuffisant de notre temps pour l'étude des ordres, cet architecte célèbre peut encore servir de premier maître aux élèves architectes et aux peintres.

J'appellerai donc en général ordonnance tout ce qui constitue un ordre d'architecture, soit dans le caractère, la proportion en hauteur et celle en largeur donnée par l'espace ou le rythme de l'entrecolonnement.

Dans l'ordonnance d'un temple on y joint le fronton, qui est le couronnement de l'œuvre complète. Je traiterai seulement des types espacés par entrecolonnements. Perrault, dans sa traduction de Vitruve, traite des sept genres de bâtiments dont l'ordonnance est couronnée par le fronton.

L'ordonnance simple des types peut s'augmenter ou se modifier, sur l'application que l'on en fait à une composition, soit dans le caractère, la proportion ou le rythme de l'espacement : nous n'entendons pas émettre une opinion en prescrivant des règles invariables à la composition. L'architecture est un des arts libéraux où la servitude n'est pas connue : liberté donc à l'artiste de modeler et de moduler les types sur son génie, à chacun sa partie, *omnia non possumus omnes.* Mais dans la peinture, la sculpture et la bonne architecture, il y a des points de départ que les artistes les plus exercés et les plus ingénieux ont toujours en vue dans l'exécution de leurs chefs-d'œuvre.

En sculpture notamment, n'a-t-on pas toujours pour types principaux ou archétypes, l'Apollon, la Diane, Vénus, l'Hercule, Mars, Junon, Jupiter. C'est leur beauté idéale et leurs proportions uniques, en dehors de toutes les opinions religieuses, qui servent et serviront toujours de règles à nos habiles sculpteurs et peintres. Raphaël lui-même n'a-t-il pas été formé sur les principes de la statuaire antique, et n'a-t-il pas produit des tableaux immortels sur la religion chrétienne, et le Poussin, Lesueur et tant d'autres hommes illustres ?

Ainsi, de même en architecture, il nous faudra compléter d'après nos devanciers le nombre des chefs-d'œuvre que les anciens nous ont laissés, les classer, les coordonner, pour suffire aux besoins actuels et à venir, indiquer aux jeunes artistes les points de départ et d'arrivée entre lesquels et hors desquels ils ne pussent trop se resserrer ni s'écarter.

Les principales proportions se développeront dans le

troisième tableau ci-après : pour celles de détails, lorsque l'on est bien exercé au dessin, on doit les obtenir par le sentiment sur des dessins eurythmétiques, c'est-à-dire faits à la main dans l'espace des lignes données par l'eurythmie combinée sur le tracé manuel. Il est une vérité constante, c'est que tout plan doit avoir un rythme particulier, et que c'est une étude approfondie et bien mûrie qui le fait trouver.

Voici d'abord une table analytique des entrecolonnements à partir de quatre diamètres et par conséquent de cinq jusques à quatre d'un axe à l'autre, que l'on peut considérer comme le plus grand écartement. L'élève pourra s'exercer d'après les espacements de cette table formée pour la construction des entrecolonnements, à seule fin d'en déduire toutes les proportions rythmiques, applicables aux compositions de plans qu'il imaginera ; car une des conditions les plus difficiles à remplir, après la composition d'un plan, est celle de trouver le rythme de ce plan qui doit être en harmonie avec la composition des coupes et élévations ; c'est pourquoi le tout ensemble doit être étudié en même temps.

Tout plan, je le répète, a un rythme particulier qui régit toutes les proportions de l'édifice. C'est une vérité si sévère de l'expérience, que tout bon architecte ne permet jamais à des mains moins habiles de coter ses plans.

TABLE GÉNÉRATRICE DES ESPACEMENTS RYTHMIQUES,

PAR DIAMÈTRES ET FRACTIONS DE DIAMÈTRES,

APPLICABLES AUX PLANS ET AUX ORDONNANCES.

NOMENCLATURE DES ORDRES.	Dorique simple.	Dorique denticul.	Ionique denticul.	Compos. denticul.	Corinth. modill.	Toscan nu.	Toscan mutul.	Dorique mutulaire.	Dorique modill.	Ionique modill.	Compos. double modill.	Grand Corinthe double modill.
1. Dorique à entablement nu.	4d »	3d 11/12	3d 5/6	3d 3/4	3d 2/3	3d 3/4	3d 5/6	3d 11/12	3d 5/6	3d 3/4	3d 2/3	3d 7/12
2. Dorique à denticules....	3. 11/12	3. 5/6	3. 3/4	3. 2/3	3. 7/12	3. 2/3	3. 3/4	3. 5/6	3. 3/4	3. 2/3	3. 7/12	3. 1/2
3. Ionique à entablement nu.	3. 5/6	3. 3/4	3. 2/3	3. 7/12	3. 1/2	3. 7/12	3. 2/3	3. 3/4	3 2/3	3. 7/12	3. 1/2	3. 5/12
4. Composite, *idem*........	3. 3/4	3. 2/3	3. 7/12	3. 1/2	3. 5/12	3. 1/2	3. 7/12	3. 2/3	3. 7/12	3. 1/2	3. 5/12	3. 1/3
5. Corinthien, *idem*.......	3. 2/3	3. 7/12	3. 1/2	3. 5/12	3. 1/3	3. 5/12	3. 1/2	3. 7/12	3. 1/2	3. 5/12	3. 1/3	3. 1/4
6. Toscan simple..........	3. 7/12	3. 1/2	3. 5/12	3. 1/3	3. 1/4	3. 1/3	3. 5/12	3. 1/2	3. 5/12	3 1/3	3. 1/4	3. 1/6
7. Toscan à mutules........	3. 1/2	3. 5/12	3. 1/3	3. 1/4	3. 1/6	3. 1/4	3. 1/3	3. 5/12	3. 1/3	3. 1/4	3. 1/6	3. 1/12
8. Dorique à mutules.......	3. 5/12	3. 1/3	3. 1/4	3. 1/6	3. 1/12	3. 1/6	3. 1/4	3. 1/3	3. 1/4	3. 1/6	3. 1/12	3. »
9. Dorique à modillons......	3. »	2. 11/12	2. 5/6	2. 3/4	2. 2/3	3. 3/4	3. 5/6	2. 11/12	2. 5/6	2. 3/4	2. 2/3	2. 7/12
10. Ionique modillonnaire....	2. 11/12	2. 5/6	2. 3/4	2. 2/3	2. 7/12	2. 2/3	2. 3/4	2. 5/6	2. 3/4	2. 2/3	2. 7/12	2. 1/2
11. Corinthien à modillons...	2. 5/6	2. 3/4	2. 2/3	2. 7/12	2. 1/2	2. 7/12	2. 2/3	2. 3/4	2. 2/3	2. 7/12	2. 1/2	2. 5/12
12. Romain double modillonre.	2. 3/4	2. 2/3	2. 7/12	2. 1/2	2. 5/12	2. 1/2	2. 7/12	2. 2/3	2 7/12	2. 1/2	2. 5/12	2. 1/3
13. Dorique à triglyphes.....	2. 2/3	2. 7/12	2. 1/2	2. 5/12	2. 1/3	2. 5/12	2. 1/2	2. 7/12	2. 1/2	2. 5/12	2. 1/3	2. 1/4
14. Dorique à trigles et dentles.	2. 7/12	2. 1/2	2. 5/12	2. 1/3	2. 1/4	2. 1/3	2. 5/12	2. 1/2	2. 5/12	2. 1/3	2. 1/4	2. 1/6
15. Ionique denticulaire.....	2. 1/2	2. 5/12	2. 1/3	2. 1/4	2. 1/6	2. 1/4	2. 1/3	2. 5/12	2. 1/3	2. 1/4	2. 1/6	2. 1/12
16. Composite denticulaire...	2. 5/12	2. 1/3	2. 1/4	2. 1/6	2. 1/12	2. 1/6	2. 1/4	2. 1/3	2. 1/4	2. 1/6	2. 1/12	2. »
Ici les denticules de ce composite se fondent dans l'entablemt simple du 1er Dorique, et produisent le Dorique no 2.												

Après cette table génératrice ou table des forces architecturales, dans laquelle on trouve toutes les progressions par douzième, suit un tableau des proportions des échelles diatonique et chromatique motivées sur celles de Vignole, et dont la série des entrecolonnements ressort de la table depuis 2 jusqu'à 3 diamètres. Nous avons procédé par douzième comme Vignole, dont le toscan a 2 diamètres 1/3 d'entrecolonnement ; le dorique 2 diamètres 3/4 ; l'ionique 2 diamètres 1/4 ; le corinthien 2 diamètres 1/3 ; le composite 2 diamètres 1/3 (ou 2 d. 3/12. 2 d. 9/12, 2 d. 3/12, 2 d. 4/12, 2 d. 4/12), parce qu'il prend ses divisions d'entrecolonnements sur le nombre douze,— ou sur les parties aliquotes de 12.

TABLEAU INDICATIF

DES ENTABLEM[ts] AU 1/4 ET DES PIÉDESTAUX AU 1/3 DE LA COLONNE.

NOMENCLATURE DES ORDRES.	Entrecolonnements		Hauteurs des		
	inférieurs.	supérieurs.	piédestaux.	colonnes.	entablements.
Dorique simple....	2d 2/3	2d 5/6	2d 66c	8d »	2d »c
Dorique à trigliphes et denticles	2.7/12	2.3/4	2.75	8.1/4	2.05
Ionique à denticules........	2.1/2	2.2/3	3. »	9. »	2.25
Composite denticulaire (1)...	2.5/12	2.7/12	3.20	9.2/3	2.40
Corinthien...............	2.1/3	2.1/2	3.33	10. »	2.50
Toscan.................	2.1/2	2.2/3	2.33	7. »	1.75
Toscan mutulaire..........	2.1/2	2.2/3	2.45	7.1/4	1.80
Dorique à mutules et trigliphes	2.2/3	2.5/6	2.66	8. »	2. »
Dorique modillonnaire......	2.7/12	2.3/4	2.75	8.1/4	2.05
Ionique modillonnaire......	2.1/2	2.2/3	3. »	9. »	2.25
Composite double modillonnre	2.5/12	2.7/12	3.20	9.2/3	2.45
Romain double modillonnaire.	2.1/3	2.1/2	3.33	10. »	2.50

(1) Si l'on remplace cet ordre par l'ionique modillonnaire et denticulaire, la colonne prendra 2d 1/4.

Suit une autre composition du même tableau qui aura la dénomination de quinzième. Cette Etude présente deux échelles progressives, au foyer; j'ai placé le toscan denticulaire (*in medio virtus*) au même niveau que les deux toscans collatéraux.

QUINZIÈME.

NOMENCLATURE DES ORDRES.	ESPACEMENTS DES COLONNES par le bas.	par le haut.	HAUTEURS DES colonnes.	entablements au quart	piédestaux au tiers.
7. Corinthien modillonnaire. .	2^{d} 1/3	2^{d} 1/2	10^{d} »	2^{d} 50^{c}	3.33^{c}
6. Composite denticulaire (1).	2. 5/12	2. 7/12	10. »	2. 50	3. 33
5. Ionien denticulaire.	2. 1/2	2. 2/3	9. »	2. 25	3. »
4. Dorien à trigl. et dentic^{les}. .	2. 1/2	2. 3/4	8. 1/3	2. 10	2. 06
3. Dorique à triglip. simplem^{t}.	2. 2/3	2. 5/12	8. »	2. »	2. 50
2. Toscan à pl. bandes modil^{res}.	2. 7/12	2. 3/4	7. 1/3	1. 85	2. 45
1. Toscan modillonnaire.	2. 1/2	2. 2/3	7. »	1. 75	2. 33
15e Toscan denticulaire.	2. 1/2	2. 2/3	7. »	1. 75	2. 33
1. Toscan simple.	2. 1/2	2. 2/3	7. »	1. 75	2. 33
2. Toscan à mutules simplem^{t}.	2. 7/12	2. 3/4	7. 1/3	1. 85	2. 45
3. Dorique à trigl. et dentic^{les}.	2. 2/3	2. 5/6	8. »	2. »	2. 50
4. Dorien modillonnaire.	2. 7/12	2. 3/4	8. 1/3	2. 10	2. 06
5. Ionien modillonnaire.	2. 1/2	2. 2/3	9. »	2. 25	3. »
6. Compos^{te} double mod^{re} (2). .	2. 5/12	2. 7/12	10. »	2. 50	3. 33
7. Romain double modillonn^{re}.	2. 1/3	2. 1/2	10. »	2. 50	3. 33

La construction de l'échelle chromatique s'établit ainsi : après avoir divisé, en onze intervalles égaux, la ligne de

(1) Remplacez-vous le composite denticulaire par l'ionique corinthien, ainsi que l'a exécuté Debray, architecte distingué de notre temps, à la façade de l'Opéra de Paris, où cet ordre produit un effet remarquable, la colonne retiendra 9 diamètres 1/4, l'entablement 2 diamètres 30 centièmes, et le stylobate ou piédestal 3 diamètres 10 centièmes.

(2) Remplacez-vous le composite double modillonnaire par le grand ionien double modillonnaire (ordre dont Bélanger a fait l'application au pérystile d'un hôtel dont la façade se voit aux Champs-Elysées à Paris), vous observerez les mêmes proportions qu'à l'ordre précédent.

base de votre tableau, en laissant assez d'air et de place aux entrecolonnements, vous projetez des axes à chaque point, et sur les deux axes extrêmes, vous fixez à volonté les hauteurs des deux ordres premier et final que vous divisez chacun en dix-neuf parties égales; par les points de division, vous tracez des lignes d'inclinaison qui couperont proportionnellement les autres lignes d'axe; chaque ordonnance alors aura trois parties pour l'entablement, douze pour la colonne et quatre pour le piédestal. Figurant les colonnes sur les proportions indiquées aux tableaux, vous obtiendrez leur diamètre respectif, dont la moitié donne le module, que vous diviserez ensuite en 30 parties ou minutes.

Lorsque les adeptes seront assez avancés, par suite des exercices qu'ils auront faits en rapportant sur le module les dessins de leurs maîtres, ils pourront ensuite, dans les espaces donnés des proportions générales, tracer à la main les lignes et moulures et par des principes établis sur l'eurythmie, dont la connaissance consiste dans le rapport exact des grandes avec les petites parties, établir d'eux-mêmes des proportions eurythmiques et modulaires données par l'œil et le goût. En architecture, ce sont les caractéristiques qui colorient, c'est le rythme qui dessine.

Mais pour obtenir cette entente rythmique, il faut beaucoup d'exercice, et ne pas se contenter de tracer la ligne et la moulure par le secours de la règle et du compas. L'habileté proportionnelle ne peut s'acquérir qu'à force d'avoir copié sur de beaux modèles et crayonné en face des édifices sans instruments, comme on dessine une figure d'expression d'après le modèle ou la bosse; on ne réussit à saisir le caractère qu'après avoir cherché, de l'œil et de la pensée, les proportions sur lesquelles elle a été construite.

Ainsi, l'eurythmie est la science des proportions harmoniques qui doivent être divisées en trois classes :

La première classe est relative aux grandes proportions d'ensemble qui s'établissent dans les dimensions et l'espace donnés pour la composition d'un plan ou d'une élévation.

La deuxième classe est relative au rythme de l'espacement des axes et entr'axes, lequel rythme doit être l'unité de proportion, et être considéré comme le régulateur de la composition; de même qu'il en existe un pour espacer les cordes d'un instrument de musique, et pour déterminer les divisions d'un cadran de pendule.

La troisième classe est relative au rythme modulaire ou diamétral, lequel est donné par les proportions de hauteurs et d'écartements attribués à chacun des ordres reconnus pour les véritables types de l'architecture. Les ordonnances de ces types sont au nombre de douze, et même de quatorze en comptant les deux mixtes, ainsi que je l'ai prouvé. Dans l'Etude suivante, j'espère prouver également que l'on peut obtenir dans la composition des ordres onze autres gammes chromatiques dans chacun des styles grec et romain.

Lorsque les proportions rythmiques sont bien arrêtées sur les plans, coupes et élévations de la composition, les mesures usuelles ou métriques doivent leur être appliquées.

Les longs progrès que la plupart des élèves font en architecture, proviennent de cette routine qui plaît d'abord, de copier servilement avec les instruments, ce qu'ils peuvent faire mieux à la main. Lorsqu'ils viennent à composer, ils sont frappés de stérilité, il ne leur reste dans la tête que des lignes et rien de plus. Je les engage donc, après avoir copié à la règle, au compas et à l'équerre, pour faire, ainsi dire, connaissance avec leur modèle, de recommencer à s'exercer, en dessinant à la main, sur chaque type en particulier. En calquant aussi beaucoup on gagne de la facilité. Sortis de ces épreuves, ils recueilleront les fruits de leurs études et verront toutes difficultés et aridités s'aplanir devant eux; lorsqu'ils auront un édifice ou toute autre composition architecturale à concevoir, leur tête sera bien meublée.

La plus simple cabane de bois, contient le germe des plus magnifiques palais.

L'architecture constituée et fondée sur les types de la charpente, offrit dès son origine, à l'art de l'imitation un champ fertile, qui n'attendait que des circonstances plus favorables et une culture heureuse : la science des proportions, c'est-à-dire celle de l'eurythmie, devait achever l'ouvrage.

La nature avait donné à la sculpture une mesure déterminée de rapports, une échelle de proportions du corps humain, qui, prise soit dans le pied soit dans la tête, servait de module à la figure : elle réglait les nuances les plus légères de proportions en établissant un accord constant des parties, indépendant des variétés des modèles et des erreurs de la vue. L'architecture, à son instar, s'en créa un semblable, qui dans le dorique fut le trigliphe, et dans les autres ordres le diamètre de la colonne. Dès lors, un édifice devint une espèce d'être organisé, subordonné à des lois constantes dont il trouvait en lui le principe et la raison. Il se fit un code de proportions qui assigna à chaque partie sa mesure et son rapport, en raison des variétés du tout ensemble ; lia tellement le tout à la partie, et la partie au tout, qu'il les mit dans une dépendance réciproque, faite pour assurer entr'eux un accord inviolable. L'étude approfondie du corps humain dans toutes ses variétés, avait fait apercevoir à la sculpture ces différences d'âge et de nature qui formèrent les divers modes que Polyctète avait fixés dans son Traité des Symétries, et *dont les statues antiques* nous ont conservé les règles visibles. L'architecture s'en forma de pareils dans l'invention des ordres. Ces modes se réduisent à trois : l'un exprime la force, l'autre la grâce, le troisième, par la réunion des deux autres qualités, exprime la noblesse et la majesté qui en résultent.

Les édifices tant anciens que modernes, qui jouissent de la réputation de beauté la plus générale et la moins contestée, sont ceux où l'imitation scrupuleuse des types primitifs de la cabane est le plus soigneusement observé. L'estime qu'on en fait a pour mesure le degré d'application qu'on y trouve des principes de la charpente. « Il nous reste en France, » dit un écrivain connu (Laugier, *Essai sur l'architecture*), « un très-beau monument des anciens ; c'est ce qu'on appelle à Nismes la Maison-Carrée. Connaisseurs ou non connaisseurs, tout le monde admire la beauté de cet édifice. Pourquoi ? parce que tout y est selon les principes de la cabane rustique. Un carré long où trente colonnes supportent un entablement, et un toit terminé aux deux extrémités par un fronton ; voilà tout ce dont il s'agit : cet assemblage a une simplicité et une noblesse qui frappent tous les yeux. »

L'architecture, la peinture et la sculpture ont pour

base principale la science du dessin. Aussi les peintres, les sculpteurs et les grands architectes n'ont excellé que parce qu'ils ont dirigé leurs études et leurs efforts de manière à atteindre la correction la plus pure. Dessinez, copiez beaucoup à la main, et vous découvrirez de vous-mêmes l'eurythmie, cette connaissance indispensable dans la composition des plans, coupes et élévations, connaissance qui dépend de la géométrie, et que les anciens ont toujours prise pour guide dans l'exécution de leurs ouvrages de peinture, de sculpture et d'architecture. L'œil se façonne tellement à ses principes, qu'il ne peut plus rien souffrir d'imparfait, dès qu'il est bien exercé et savant; une proportion défectueuse le choque et le peine, comme une difformité dans la structure d'un homme. Un dessin bien rythmé à la main, est réellement votre propriété, votre découverte ; lorsqu'il a satisfait entièrement vos yeux, vous n'avez plus qu'à chercher le rapport exact qu'ont les divisions et subdivisions entr'elles : le compas et la règle doivent être les auxiliaires et rarement les correctifs de votre ouvrage, s'il est dessiné avec pureté. Aussi voyons-nous des hommes experts dans leur art, rompus à cet exercice, s'apercevoir en exécution de la faute d'un ouvrier malhabile; ils la font vérifier par la règle, le mètre, le niveau ou l'équerre, et ces instruments ne font que confirmer l'erreur. C'est de la justesse des proportions que l'architecture, la peinture, le dessin, la musique tirent leur principal ornement : détruisez-la, vous abolissez tous les arts, ou du moins le plaisir qui en fait l'âme.

Une remarque essentielle à faire, je dis même très-importante, afin que l'on veuille bien y prêter son attention, c'est que les proportions ont des valeurs et des significations aussi marquées, pour l'expression de chacun des caractères, demi-caractères et nuances de ces mêmes caractères, qu'ils ont entr'eux ou doivent avoir entr'elles de différences de styles : en un mot, la proportion doit tout-à-fait s'identifier avec le caractère.

Un architecte de notre temps, un élève avec lequel nous avons étudié, s'imposa le devoir de consacrer pendant deux années, une heure seulement par jour, à dessiner au trait une figure statuaire ou académique; l'heure expirée, sa figure devait être terminée, afin de poursuivre d'autres études dans la division de leur temps : il devint savant dans son art, et ainsi qu'un arbre bien greffé produit de bons fruits, il a laissé en architecture et même en peinture des ouvrages dignes de ses persévérances et de ses études.

CINQUIÈME ÉTUDE.

ESSAI SUR LE PARALLÉLISME PITTORESQUE ENTRE LES COULEURS NATURELLES ET LES CARACTÈRES DES ORDRES D'ARCHITECTURE,

OU L'ON DÉMONTRE, PAR ANALOGIE, L'EXISTENCE DE CENT QUARANTE-QUATRE CARACTÈRES, DEMI-CARACTÈRES ET NUANCES POSSIBLES (1).

Cette Etude a pour but d'abord, d'initier les jeunes élèves à l'entente des couleurs et de leurs proportions : l'architecte doit avoir sa palette pittoresque comme le peintre a la sienne. La nomenclature de ces couleurs est donnée d'après des expériences trentenaires faites par Castel sur celles tittoresques qui sont les plus vraies : ces couleurs, au nombre de sept, sont : bleu, vert, jaune, aurore, rouge, violet et violant : tel est le prisme de Castel.

Les couleurs du prisme de Newton sont : rouge, orangé, jaune, vert, bleu, indigo et violet. Chacune des sept couleurs du spectre est toujours produite par la réunion de ses deux voisines. Ainsi le rouge et le jaune donnent l'orangé; l'orangé et le vert donnent le jaune; le jaune et le bleu donnent le vert; le vert et l'indigo donnent le bleu, et le bleu uni au violet donne l'indigo; l'indigo et le rouge donnent une espèce de pourpre qui

(1) Dans tout art il est permis de s'éclairer du flambeau du raisonnement et de l'analogie, sans être systématique.

diffère sensiblement du violet. Ces combinaisons sont parfaitement connues des peintres.

D'après les expériences de Castel, tel est l'ordre des couleurs et nuances produites par le prisme, ordre que j'adopterai pour les ordres grecs, savoir :

Cramoisi...	1...	1 »	Vert......	4'..	» 3
Rouge.....	1'..	» 1	Celadon....	5...	5 »
Orange....	2...	2 »	Bleu......	5'..	» 4
Fauve.....	2'..	» 2	Violant....	6...	6 »
Jaune.....	3...	3 »	Agathe....	6'..	» 5
Olive......	4...	4 »	Violet.....	7...	7 »

En tout 12.

Nota. Newton et la plupart des physiciens après lui, ont admis que les sept couleurs principales qui composent la lumière sont parfaitement distinctes ; mais, dès qu'il a été reconnu que dans chacune des sept couleurs il y avait des dégradations de teintes annonçant la présence de rayons différemment réfrangibles, on essaya de démontrer que le nombre des couleurs élémentaires pouvait être réduit à quatre, et même à trois. Wollaston, en 1802, annonça que le spectre était composé de quatre couleurs élémentaires : le rouge, le vert, le bleu et le violet. Suivant lui, le jaune serait un mélange de rouge et de vert. Cette manière de voir provoqua une discussion entre les physiciens, dont plusieurs admirent, et entre autres, Herschell, qu'il était probable que l'orangé, le vert et le violet ne fussent que des couleurs mêlées, et qu'il n'existait réellement que trois couleurs primitives : le jaune, le rouge et le bleu. Ce système fut soutenu par Mayer et Brewster, et combattu par le docteur Young, qui ne reconnut que trois couleurs fondamentales : le rouge, le vert et le violet.

(*Cours des Sciences physiques*, par Bouchardat.)

Nous allons suivre une marche parallèle à celle de

Castel que nous regardons comme classique et parconséquent rationnelle. (Celle de Newton peut être suivie pour les ordres grecs.)

1°. Dans l'architecture grecque et romaine, il y a un ordre primitif et fondamental appelé dorique à trigliphes, comme dans la peinture le bleu est la principale couleur. Ce premier élément architectural en enfante deux autres : le corinthien et le dorique mutulaire qui, avec lui, forment l'essentiel de l'architecture, l'harmonie primitive et fondamentale, et de même en peinture, il y a trois couleurs principales : bleu, jaune et rouge (1).

2°. Il y a cinq couleurs toniques auxquelles pour l'ordinaire toutes les autres se rapportent, c'est le bleu, le vert, le jaune, le rouge, le violet et deux autres semi-toniques ou équivoques, qui sont l'aurore et le violant, en tout sept, et le bleu final qui a un peu de rouge.

Il y a cinq ordres caractéristiques : le dorique simple à trigliphes seulement, l'ionique à denticules, le corinthien modillonnaire, le dorique mutulaire et le romain, et deux semi-caractères naturels : le toscan et l'ionique modillonnaire, formant tous les sept l'échelle primitive, fondamentale, diatonique, composée ainsi qu'il suit :

Le dorique à trigliphes, l'ionique denticulaire, le corinthien modillonnaire, le toscan, le dorique mutulaire, l'ionique modillonnaire et le romain ou corinthien double modillonnaire ; vient ensuite le dorique à trigliphes et à denticules, monté d'un ton plus haut. (Les

(1) Car, comme l'écrit Castel, le bleu est ici la note du ton, le rouge est la quinte, et le jaune la tierce.

denticules ioniennes venant couronner les triglìphes de la frise à métopes du dorique, premier de l'échelle, et lui donnent un caractère mi-parti.) Cet ordre est considéré comme l'unisson d'une révolution octavienne avec une autre de l'échelle. (Ou bien l'on aura un dorique à denticules seulement, en supprimant les triglìphes de la frise; cet ordre n'en sera pas moins monté d'un ton plus haut.)

Remarquons en passant que le rouge est attribué au dorique mutulaire qui est l'ordre de Mars, de même que l'on attribue la couleur rouge à la guerre; ainsi la colonne Trajane à Rome et celle de la place Vendôme à Paris sont donc bien dans le caractère qui leur convient.

Enfin il y a douze semi-caractères d'ordres, comme il existe douze degrés de coloris, formant une gradation suivie et un cercle parfait, dont cinq s'obtiennent par les ordres collatéraux des sept primitifs et dans ce rapport (1) :

Dorique à trigliphes, 1; dorique à denticules et trigliphes, 2; ionien denticulaire, 3; composite denticulaire, 4; corinthien, 5; toscan, 6; toscan modillonnaire ou mutulaire, 7; dorique à mutules et trigliphes, 8; dorique modillonnaire, 9; ionique modillonnaire, 10; composite double modillonnaire, 11; romain double modillonnaire, 12.

Ces douze ordres, pourquoi ne les consacrerait-on

(1) Je propose de laver ou pocher les plans, en leur appliquant, suivant le caractère de l'ordre qui régit l'édifice, le ton ou la couleur identique à l'ordre ou à l'ordonnance; ces plans auront la dénomination de polychrômes.

pas aux douze Apôtres? (Voir les douze Apôtres des Loges par Raphaël.)

De même le cercle chromatique des couleurs renferme douze degrés de coloris semi-toniques, formant une gradation suivie, savoir: bleu, celadon, vert, olive, jaune, aurore, orangé, rouge, cramoisi, violet, agathe, bleu violant et bleu.

Par digression, nous dirons que Bernardin de St-Pierre réduit les couleurs du ciel à cinq : le blanc, le jaune, le rouge, le bleu et le noir. Cette progression engendre les nuances intermédiaires qui se classent à peu près dans cet ordre : le blanc, le jaune soufre, le jaune citron, le jaune d'œuf, l'orangé, la couleur aurore, le ponceau, le rouge plein, le rouge carminé, le pourpre, le violet, l'azur, l'indigo et le noir.

Pour mieux sentir et apprécier les différents degrés de caractères et semi-caractères réunis dans l'échelle chromatique architecturale, il faut leur comparer ceux de coloris et leurs proportions relatives.

Les proportions de ces cinq degrés de coloris, savoir: bleu, celadon, vert, olive, jaune, s'obtiennent en prenant moitié bleu et moitié jaune, dont il résulte un vert vrai vert; on prend du bleu et du vert par moitié encore, et par leur mélange on a un bleu verdâtre ou vert bleuâtre, qu'on nomme celadon. On prend moitié vert et moitié jaune, et leur mélange donne un vert jaunâtre ou jaune verdâtre, qu'on peut nommer couleur d'olive ou olive tout court.

Observons qu'en mêlant moitié bleu avec moitié vert, c'est comme si l'on mêlait trois parties de bleu avec une partie de jaune; et que de même en mêlant moitié vert avec moitié jaune, c'est mêler une partie de bleu avec trois de jaune.

Nous avons le bleu, qui est quatre quarts de bleu, zéro de jaune; le vert qui est deux quarts de bleu et deux quarts de jaune, et le jaune zéro de bleu, quatre quarts de jaune.

Ces cinq couleurs ou cinq degrés de coloris, bleu, celadon, vert, olive, jaune, forment un cercle de degrés de coloris, fort adoucis du bleu au jaune, plus adoucis que ceux de ce cercle, bleu, vert, jaune, qui mènent assez brusquement du bleu au jaune par le vert seul, qui forme deux degrés bien tranchés; l'un avec le bleu, l'autre avec le jaune.

Entre le jaune et le rouge, deux demi-degrés de coloris, l'aurore qui tient plus du jaune que du rouge et l'orangé qui tient plus du rouge; les proportions relatives du jaune au rouge sont que l'aurore est composée à peu près de deux parties de jaune sur une de rouge et l'orangé de deux de rouge sur une de jaune. Notamment en parlant du rouge et du jaune, Jules Janin dit, dans un feuilleton très-spirituel, relatif à la réouverture de la salle de l'Opéra de Paris, nouvellement décorée, que le rouge convient aux blondes et le jaune aux brunes.

En troisième lieu, nous en sommes à la détermination des nuances entre le rouge et le bleu : celui-ci est noble par lui-même et celui-là est vif. Le cramoisi tempère ce vif par un peu de noblesse qui le rend majestueux. Le violet cramoisi venant après le cramoisi, se compose de trois parties sur deux de bleu. Le violet-agathe qui suit se fait de trois parties de bleu sur deux de rouge. Enfin le bleu-violet ou bleu violant qui vient après, est composé d'une partie de rouge sur quatre de bleu, et voilà tout.

En géométrie, lorsqu'on a quatre termes, dont trois sont proportionnels, le quatrième ne peut se refuser à la proportion dans laquelle il se trouve enveloppé.

4°. Deux choses constituent le caractère de l'ordre, la diversité du caractère et celle du simple et du composé ou du grave et du gai; deux choses constituent les couleurs, la diversité du coloris pittoresque et celle du sombre et du clair, ou si vous voulez du clair-obscur.

Or la diversité des caractères d'ordres répond à celle du coloris pittoresque, et le caractère est à la couleur comme les nuances de caractères sont aux nuances de couleur, puisque le sombre répond au simple et le gai du clair au composé.

Donc, le nombre des caractères étant égal au nombre des couleurs, celui des semi-caractères l'étant de même, celui des degrés de nuances devant l'être : or, comme il y a douze degrés de coloris, douze degrés de nuances reconnues à chacun des degrés de coloris, il y aura à chacun des caractères et semi-caractères d'ordres, douze nuances de caractères qui iront du simple au composé et du grave au gai, et par conséquent il y a cent quarante-quatre degrés de coloris nuancés avec harmonie, comme il y aura cent quarante-quatre degrés de caractères d'ordres gradués harmonieusement et qui s'obtiendront par les abstractions, le mélange, la réflexion et convergence, comme je l'ai l'ai fait pressentir dans mon Etude seconde, outre que la décomposition d'un ordre bien composé donnera lieu à la découverte d'une infinie variété de nuances. D'où l'on peut conclure avec juste raison qu'outre la chromatique principale que j'ai exposée avec soin dans mon Etude troisième, l'on peut en composer encore onze autres.

Comme nous avons rapporté douze harmonies architecturales à douze harmonies pittoresques qui divisent les premières en genres, on peut rapporter chaque genre aux mêmes harmonies, et il en résultera au moins cent quarante-quatre espèces positives et autant de négatives, ou deux cent quatre-vingt-huit espèces. On aura par la même marche les sous-espèces ou variétés; quand je dis positif et négatif, c'est comme si j'opposais le bleu au jaune, ces deux couleurs forment un contraste frappant, et cependant en mêlant le bleu avec le jaune, je forme le vert et toutes les nuances ou variétés ressortant non-seulement de ces deux couleurs primitives, mais du vert positivement et négativement; voici ma pensée rendue : ainsi mêlez l'ionique au corinthien, vous aurez un corinthien denticulaire, qui deviendra un véritable composite représentant un entablement denticulaire, supporté par une colonne à chapiteau corinthien, et cet ordre produira des variétés.

L'application des couleurs aux divers membres d'architecture jouait un rôle important dans la décoration des temples grecs. MM. Cockerell, Bransted, Semper, Kugler, Hittorff et Blouet, ont retrouvé des traces de couleurs sur l'entablement des principaux édifices antiques de la Hellade et de la Sicile. L'examen des temples d'Empédocle à Sélinonte, de Minerve, d'Erecthée et de Thésée à Athènes, de Jupiter à Egine, et d'Apollon à Bassa, ne laissent aucun doute sur l'antiquité de l'architecture polychrôme. Quant aux nuances de ces couleurs, elles n'avaient pas pour but l'imitation de la nature; elles étaient vives et franches, et donnaient pour résultat un effet piquant qui relevait et enrichissait les formes architecturales et sculpturales, de manière à les faire ressortir suivant leur degré d'éloignement et la place plus ou moins obscure qu'elles occupaient. Ces couleurs étaient donc posées par couches pour produire l'effet des ombres et des lumières, des reliefs et des enfoncements dans un plan uni. Dans beaucoup de temples, on a vu les trigliphes peints en bleu de ciel, tandis que les métopes sont d'un rouge plus ou moins vif. On a aussi trouvé en Sicile des chapiteaux dont la surface était enduite de stuc colorié ou seulement de peintures. Les moulures supérieures du larmier, qu'elles fussent en marbre ou en terre cuite, étaient décorées de la même manière.

Les ruines de la grande Grèce prouvent d'une manière certaine l'emploi de l'architecture polychrôme. Beaucoup d'ornements en terre cuite portent encore les couleurs, et ces couleurs semblent avoir été cuites en même temps que la terre.

Nos monuments à l'instar de l'église de la Magdeleine, de Notre-Dame-de-Lorette, ont un bel avenir dans l'exécution de l'architecture polychrôme; à l'exemple des anciens, l'art monumental s'élèvera au grandiose par l'emploi soit de peintures à fresques, évitant l'émission des tableaux qui, par leur position inclinée, détruisent l'effet de l'architecture, à cause de leurs saillies insolites, soit par l'emploi de stucs ou de peintures à la cire imitant les marbres.

La pierre de Volvic dans le département du Puy-de-Dôme, qui est volcanique, reçoit parfaitement l'enduit de stuc et la peinture à la cire sur apprêts, étant, à cause de sa qualité poreuse, disposée à ces effets par la nature elle-même; elle prendrait parfaitement ces émissions coloriées tant à l'intérieur qu'à l'extérieur. Ces diverses manières de revêtissements couvriraient la teinte tristement grise-bleue qu'elle a dans son état naturel et la couleur noire qu'elle acquiert par le temps.

On pourra donc, d'après ce qui précède, appliquer logiquement à chacune de ces couleurs, à chacun de ces degrés de coloris, de ces degrés de nuances, un genre et une espèce de marbre dont la composition naturelle s'alliera avec celle pittoresque et caractéristique de chacun des ordres simples, composés et nuancés : je laisse à penser quelle source féconde doit surgir du parallélisme des couleurs et des ordres : si l'on considère d'ailleurs quelle variété de marbres on peut appliquer à chacune de ces couleurs primitives graduées et nuancées, quelle belle carrière doit s'ouvrir à l'imagination des peintres et des architectes.... appelés à régénérer l'architecture polychrôme, ou la polychromie architecturale et sculpturale !

Pour le perfectionnement même de la peinture et de la sculpture en architecture, car il doit y avoir du peintre et du sculpteur dans l'architecte, il serait vraiment à désirer que le gouvernement instituât dans le palais des Beaux-Arts, à Paris, une classe ou section qui leur serait spécialement consacrée, où les peintres et les architectes ainsi que les sculpteurs concourraient simultanément, où les tableaux et sculptures des lauréats resteraient exposés au public. Les salles consacrées à cette classe seraient considérées comme composant un musée-classe de peinture et sculpture en architecture grandiose. La perspective et le relief en développeraient toutes les beautés. Des modèles et des épreuves seraient envoyés dans les villes de provinces pour y répandre le goût de la belle et bonne architecture.

ÉTUDE SIXIÈME.

Laugier écrit dans son Essai sur l'Architecture : Il y a bien des siècles que l'on combine toujours différemment les sept tons de la musique : il s'en faut bien qu'on ait épuisé toutes les combinaisons dont ils se trouvent susceptibles.

Il en est de même des ordres qui font la composition essentielle de l'échelle diatonique architecturale. Ils sont en petit nombre, et l'on peut, sans y rien ajouter, les combiner à l'infini ; savoir saisir ces combinaisons, sources d'une agréable variété, c'est l'effet du génie. On ne s'attache à des hors-d'œuvre que parce que le génie manque ; on ne charge l'ouvrage que parce qu'on n'a pas assez d'esprit pour le rendre simple.

Dans l'architecture il n'y a, à vrai dire, que trois ordres : le dorique simple, l'ionique denticulaire et le corinthien, qui doivent être considérés comme trois toniques, c'est-à-dire donnant le ton du caractère et son coloris à tous les ordres en général ; c'est sur eux qu'ils ont été modelés ; ainsi en rhétorique, il y a trois styles principaux, le style simple, le style tempéré et le style sublime, qui forment les bases de tous les autres : ces trois ordres seront donc consacrés au Temple de Mémoire pour le caractériser, les trois ordres grecs étant les seuls beaux et véritablement parfaits.

Voici encore une nouvelle manière d'envisager les ordres au moyen de couleurs mères et de couleurs mélangées :

sans procéder par nuances comme dans la chromatique. Il n'y a que trois couleurs, dont le mélange produit toutes les couleurs de la nature et de l'art, ces trois couleurs sont bleu, rouge et jaune; de même il n'y a que trois ordres d'architecture. En mêlant le bleu avec le rouge on obtient le violet, et mêlant le rouge et le jaune, l'aurore ou l'orangé. De même entre le dorique et l'ionique naît le dorique denticulaire; entre l'ionique et le corinthien, le composite denticulaire, en tout cinq, (nombre sympatique). Ces trois ordres, de même que les trois couleurs, forment toutes les autres combinaisons. Ainsi, le violant pour le toscan, le violet pour le toscan mutulaire, le rouge pour le dorique mutulaire, l'aurore ou l'orangé pour le dorique modillonnaire, le jaune pour l'ionique modillonnaire, le vert pour le composite double modillonnaire, et enfin le bleu pour le romain double modillonnaire; cette combinaison composée de couleurs tranchantes est une des plus rationnelles; tous les mélanges se réduisent à quatre combinaisons, car on ne peut mêler que le bleu avec le rouge, le rouge avec le jaune, le bleu avec le jaune, et les trois ensemble font quatre.

Les trois premiers ordres, ces générateurs féconds, concourent principalement à la formation de l'échelle diatonique, puisque les trois autres de cette gamme qui sont le dorique mutulaire, l'ionique modillonnaire et le romain ou corinthien double modillonnaire, sont fondés sur les premiers; outre cela ces trois primitifs représentent parfaitement bien les trois manières de construire, la simple et solide, la moyenne et gaie, la délicate et riche; ces trois genres qui sont comme les trois Grâces de l'architecture, ont porté par leur secours le grandiose des trois autres à leur plus haut degré de majorité. Quant au toscan, qui tient le juste-milieu entre les six et fixe la limite des trois genres alternatifs, c'est-à-dire, comme étant entre les deux modes mineur et majeur, le toscan, comme nous l'avons présenté dans la première Etude, a un caractère herculien, dans lequel, malgré sa force et sa rusticité même, on peut distinguer un certain agrément, une certaine douceur et sérénité comme dans la statue de l'Hercule en repos. Cet ordre a une contexture de force et de grandeur, même malgré sa proportion moins élevée que les autres ordres, une contexture toute particulière qui fait son caractère propre; il lui faut le grand air, l'espace, pour le mettre en harmonie avec sa force : l'exécuter en petit, c'est faire une exception; formé de simples moulures bien accentuées, vous ne pouvez lui ôter ou remplacer aucune d'elles, sans affaiblir la vigueur primitive de son caractère. L'architecte Mansard, grand et ingénieux dans ses compositions, l'a très-bien appliqué à l'Orangerie de Versailles : là l'ordre toscan, c'est Hercule tenant en main une pomme d'or du jardin des Hespérides.

Cependant, malgré sa simplicité native, le génie a dû exercer son caractère de force, en introduisant dans son entablement les caractéristiques des autres ordres, comme je l'ai fait pressentir dans la dix-septième de l'Etude deuxième. Si j'ai surabondé dans cet exercice d'essai, j'ai donné une raison de cette surabondance.

Le toscan n'est point un dorique simplifié, c'est un ordre pur et une unité dans son genre.

Le dorique mutulaire est pris sur le simple ou le mineur, qui, du caractère de virilité est monté à un ton majeur, au caractère guerrier; c'est Mars dans tout l'éclat de son armure et de sa gloire ; c'est, si vous le voulez, Mars réuni à Hercule, les deux génies de la force et de la guerre, le dorique mutulaire; c'est l'ordre dont la colonne est très-bien caractérisée dans la représentation de la colonne de Trajan, colonne qui fait son panégyrique en marbre, que quelques auteurs font passer pour être toscane, mais qui est en vérité un dorique toscan, c'est-à-dire le caractère guerrier uni à la force et à la grandeur tout à la fois : aussi est-ce sur son modèle qu'a été imitée la colonne de la place Vendôme, colonne harmonisée à son parallèle romain et à jamais célèbre dans l'art par son vrai style français, et dans l'Histoire comme représentant l'apothéose d'une grande armée et d'un grand homme.

L'ionique modillonnaire s'est grandi sur le denticulaire, qui est de ces beautés qui plaisent, sans avoir des traits ni trop prononcés ni trop fins, ainsi que Diane qui est une beauté mâle; cet ordre, dans l'ionique modillonnaire, est monté au caractère de fierté et de noblesse, c'est Junon dans toute sa beauté majestueuse et dont le front est sévère, au lieu que le denticulaire est une de ces beautés qui n'ont rien de frappant ni en bien ni en mal, mais dont les traits ont un accord si parfait et une douceur si modeste, que sans avoir le don de surprendre, elles n'en ont peut-être que plus sûrement celui d'intéresser et de plaire. Le mérite essentiel de l'ordre ionien consiste dans une certaine médiocrité d'agrément, dont le charme n'est altéré par aucune imperfection trop sensible.

Il en est de l'architecture comme de tous les arts, ses principes sont fondés sur la simple nature, et dans les procédés de la nature se trouvent clairement marqués les règles de l'art. Les plus grandes beautés architecturales ont pris naissance sur les plus simples constructions, et par les essais du génie et du temps on en est venu à former des caractères.

C'est ainsi que l'architrave est l'expression de la sablière qui lie le haut des colonnes entr'elles ; que la frise est la représentation des pièces qui relient la sablière au mur, en supposant un péristyle ; et par conséquent la frise doit être l'expression des bouts de pièces ou plates-bandes transversales qui forment, avec celles de l'architrave, des soffites et caissons, et la représentation des bouts de poutres du plancher.

Si tout est lié dans la nature, parce que tout est dans l'ordre, tout doit être lié de même dans les arts. Il doit y avoir un point d'union, où se rapportent les parties les plus éloignées, de sorte qu'une seule partie, une fois bien connue, doit nous faire au moins entrevoir les autres.

Le génie et le goût ont le même objet dans l'architecture. Ainsi, s'il est vrai que le génie produise les ouvrages de l'architecture par l'imitation de la belle et bonne construction, celle dont les premiers éléments sont dans la nature, comme dans l'imitation de la cabane, le goût qui juge les productions du génie ne doit être satisfait que quand la belle et bonne construction est imitée naturellement ou embellie par l'art.

Voici, à ce sujet, ce que dit Laugier au premier chapitre de son Essai sur l'Architecture :

« Considérons l'homme dans sa première origine, sans autres secours, sans autre guide que l'instinct naturel de ses besoins. Il lui faut un lieu de repos. Au bord d'un tranquille ruisseau il aperçoit un gazon; sa verdure naissante plaît à ses yeux, son tendre duvet l'invite; il vient, et mollement étendu sur ce tapis émaillé, il ne songe qu'à jouir en paix des dons de la nature: rien ne lui manque, il ne désire rien. Mais bientôt l'ardeur du soleil qui le brûle, l'oblige à chercher un abri. Il aperçoit une forêt qui lui offre la fraîcheur de ses ombres; il court se cacher dans son épaisseur, et le voilà content. Cependant mille vapeurs élevées au hasard se rencontrent et se rassemblent, d'épais nuages couvrent les airs, une pluie effroyable se précipite comme un torrent sur cette forêt délicieuse. L'homme mal couvert à l'abri de ses feuilles, ne sait plus comment se défendre d'une humidité incommode qui le pénètre de toute part. Une caverne se présente, il s'y glisse, et se trouvant à sec, il s'applaudit de sa découverte. Mais de nouveaux désagréments le dégoûtent encore de ce séjour. Il s'y voit dans les ténèbres, il y respire un air malsain, il en sort résolu de suppléer, par son industrie, aux inattentions et aux négligences de la nature. L'homme veut se faire un logement qui le couvre sans l'ensevelir. Quelques branches abattues dans la forêt sont les matériaux propres à son dessein. *Il en choisit quatre des plus fortes qu'il élève perpendiculairement, et qu'il dispose en carré. Au-dessus il en met quatre autres en travers; et sur celles-ci il en élève qui s'inclinent, et qui se réunissent en pointe de deux côtés.* Cette espèce de toit est couvert de feuilles assez serrées pour que le soleil ni la pluie ne puissent y pénétrer; et voilà l'homme logé. Il est vrai que le froid et le chaud lui feront sentir leur incommodité dans sa maison ouverte de toutes parts;

mais alors il remplira l'entre-deux des piliers, et se trouvera garanti.

» Telle est la marche de la simple nature : c'est à l'imitation de ses procédés que l'art doit sa naissance. La petite cabane rustique que je viens de décrire, est le modèle sur lequel on a imaginé toutes les magnificences de l'architecture. C'est en se rapprochant dans l'exécution de la simplicité de ce premier modèle, que l'on évite les défauts essentiels, que l'on saisit les perfections véritables. Les pièces de bois élevées perpendiculairement, nous ont donné l'idée des colonnes. Les pièces horizontales qui les surmontent, nous ont donné l'idée des entablements. Enfin les pièces inclinées qui forment le toit, nous ont donné celle des frontons : voilà ce que tous les maîtres de l'art ont reconnu. Mais qu'on y prenne bien garde; jamais principe ne fut plus fécond en conséquences. Il est facile, désormais, de distinguer les parties qui entrent essentiellement dans la composition d'un ordre d'architecture, d'avec celles qui ne sont introduites que par besoin, ou qui n'y ont été ajoutées que par caprice. C'est dans les parties essentielles que consistent toutes les beautés; dans les parties introduites par besoin consistent toutes les licences; dans les parties ajoutées par caprice consistent tous les défauts. Ceci demande des éclaircissements : je vais tâcher d'y répandre tout le jour possible.

» Ne perdons pas de vue notre petite cabane rustique. Je n'y vois que des colonnes, un plancher ou entablement, un toit pointu dont les deux extrémités forment chacune ce que nous nommons un fronton. Jusqu'ici point de voûte, encore moins d'arcade, point de piédestaux, point d'attique, point de porte même, point de fenêtre. Je conclus donc, et je dis : dans tout ordre d'architecture, il n'y a que la colonne, l'entablement et le fronton qui puissent entrer essentiellement dans sa composition. Si chacune de ces trois parties se trouve placée dans la situation et avec la forme qui lui convient, il n'y aura rien à ajouter pour que l'ouvrage soit parfait. Il nous reste en France un très-beau monument des anciens ; c'est ce qu'on appelle à Nismes la Maison-Carrée. Connaisseurs ou non connaisseurs, tout le monde admire la beauté de cet édifice. Pourquoi ? parce que tout y est selon les vrais principes de l'architecture. Un carré long où trente colonnes supportent un entablement et un toit terminé aux deux extrémités par un fronton, voilà tout ce dont il s'agit. Cet assemblage a une simplicité et une noblesse qui frappe tous les yeux. »

Plus loin il dit relativement à la cabane : « C'est là l'esquisse que la nature présente ; l'art ne doit employer ses ressources qu'à embellir, limer, polir l'ouvrage, sans toucher au fond du dessin. »

La corniche peut réunir à la fois deux expressions, savoir : celle des bouts de pièces ou solives qui composent le plancher supérieur du temple, de l'édifice ou de la cabane, expression qui est très-bien rendue par les modillons qui figurent les bouts de chevrons, sous la saillie de la toiture du temple et de la cabane. A ce propos que de compositions ingénieuses existent dans le Jardin-des-Plantes de Paris, dans la construction des cabanes d'animaux faites avec des bois en écorce. Pourquoi blâmer, dans une même corniche, cette réunion des modillons et des denticules... puisqu'elle est la représentation des motifs donnés par la construction même? Quant aux modillons dans le fronton, ils représentent aussi très-heureusement les pannes-faitages et autres pièces de charpente longitudinales qui composent le toit : c'est donc à l'imitation des procédés de la simple construction que l'architecture doit sa naissance. On pourra en avoir des appréciations et en faire des applications dans le savant ouvrage de Rondelet, sur l'art de bâtir (1).

Les sciences et les arts sont venus ensuite se prêter un mutuel secours au foyer de la Mythologie qui renferme tous les principaux caractères de la statuaire, personnifiés par les dieux et demi-dieux. La Fable vient à sa suite nous offrir des motifs de composition dans les animaux qui réunissent en eux tous les caractères de l'homme. Que d'inventions ingénieuses le sculpteur n'en peut-il pas tirer pour les statues et les bas-reliefs, et qui devront servir d'ornements à nos jardins et à nos édifices. La Mythologie et la Fable même doivent être considérées comme deux muses inspiratrices des beaux-arts, et

---

(1) Fénélon s'exprime ainsi, dans son discours de réception à l'Académie :

« On a enfin compris, Messieurs, qu'il faut écrire comme les Raphaël, les Carrache et les Poussin ont peint, non pour chercher de merveilleux caprices et pour faire admirer leur imagination en se jouant du pinceau, mais pour peindre d'après nature. On a reconnu aussi que les beautés du discours ressemblent à celles de l'architecture. Les ouvrages les plus hardis et les plus façonnés du gothique ne sont pas les meilleurs. Il ne faut admettre dans un édifice aucune partie destinée au seul ornement; mais, visant toujours aux belles proportions, on doit tourner en ornement toutes les parties nécessaires à soutenir un édifice. »

C'est le beau vraisemblable qui a l'apparence du vrai, et qui est en droit de nous plaire.

comme renfermant dans leur sein les éléments de conceptions puisées dans la nature et l'histoire. La poésie, la peinture, la sculpture et l'architecture sont liées à la Mythologie par filiation et parenté d'affinités; c'est elle qui a été mon guide dans la classification des caractères les plus frappants parmi les ordres. Les temples antiques ayant été élevés pour immortaliser les grandes vertus et les grands courages, l'architecture en ayant eu parconséquent les reflets; les types qui en sont émanés, épurés, perfectionnés par nous, préconiseront, immortaliseront les grandes vertus et les grands courages du christianisme, en mettant à l'écart tout ce qui pourrait être contraire à leur représentation.

Après avoir appliqué sur la figure de chacun des diatoniques et chromatiques, le nom des statues célèbres représentant les principaux types de l'architecture, à l'exemple des anciens qui dédiaient les temples à telle ou telle divinité et qui mettaient l'ordre en rapport avec le caractère du dieu ou de la vertu à laquelle ils consacraient leur dédicace, il m'est venu à l'esprit, ainsi que je l'ai annoncé dans ma première Étude, de doter tour-à-tour le persique et la cariatide de ces mêmes caractères : ainsi la métamorphose de ces deux unités de tons s'opérerait de leur mixité servile, en celle grandiose des différents types de la statuaire dont ils se trouveraient pour lors revêtus.

Ces deux mixtes peuvent être l'un et l'autre accouplés. Nous en avons une application admirable au Louvre, dans les cariatides par Jacques Sarrazin. On peut même ingénieusement représenter une action dramatique telle que celle du dévouement sublime d'une mère et d'une fille par exemple : celui de dona Antonia tenant sa fille embrassée. (Voir les Mémoires de la duchesse d'Abrantès.) Cette application m'est venue par le hasard d'une lecture. Que de motifs dans notre histoire sont à saisir !...

Ainsi, l'une ou l'autre de ces unités mixtes pourra représenter comme types de composition, Apollon, Diane, Vénus, Hercule, Mars, Junon, Jupiter, Janus ; les portes de nos musées pourraient en être enrichies. Ce serait encore un principe fécondant pour des compositions de sculptures, principe parfaitement en rapport avec notre manière de voir comme artistes chrétiens, dès lors que ce seraient les déités du paganisme qui porteraient le fardeau des entablements.

Je ne prétends pas inférer de cette pensée que l'on remplacera les colonnes par ces soutiens pour en faire une règle principale, mais bien une d'exception, puisqu'il est déjà prouvé par des chefs-d'œuvre d'exécution que leur application peut être très-heureuse et non moins ingénieuse dans quelques parties d'édifices et même de bâtiments particuliers, ainsi que l'on en voit des exemples à Paris : d'ailleurs les artistes du seizième siècle l'ont bien prouvé.

Je reprends mon sujet sur les ordres : je dirai donc pour mémento, qu'il y a une conception à saisir et à étendre, que quelques architectes ont introduite dans les entablements et qui servira de complément à leurs beautés ; elle est bien loin toutefois d'être arrivée à la perfection dont elle est susceptible, je veux parler de l'introduction des consoles dans les frises : ce grand motif donnera lieu et ouverture à les diversifier suivant ma nouvelle classification. Les consoles produisent un grand effet dans les entablements, lorsque les corniches ont beaucoup de montre et de saillie, en ce que les consoles se lient très-heureusement avec les caractéristiques qui ne sont, à vrai dire, que l'image embellie des pièces de charpente, et dans tous les cas elles serviront d'auxiliaires pour ajouter à la force apparente qu'il leur faut pour contenter la vue, et qui quelquefois ne paraît pas suffisante à la portée des larmiers et notamment dans l'entablement du dorique mutulaire, où les mutules présentent une forte saillie.

Les consoles ont des applications notables à plusieurs monuments de Paris, telles qu'à la porte St-Martin, par Bullet qui a pris cet entablement dans Vignole : à l'hôtel de la monnaie, par Antoine, et à d'autres bâtiments construits nouvellement. Ces entablements, pour la plupart, sont de beaux modèles d'exécution; c'est aux jeunes architectes à partir de là pour perfectionner leurs motifs : ainsi le mélange des caractéristiques avec les consoles, dans les entablements, produira des effets inattendus.

Comme les consoles servent principalement de soutiens et d'ornements aux couronnements des portes et fenêtres monumentales, et que leur architecture doit elle-même être en rapport avec le style de l'ordre, l'introduction des consoles dans les frises sera donc un point de départ pour l'application que l'on en fera ensuite à ces couronnements.

Les balcons auxquels elles servent de supports naturels auront aussi, dans les motifs donnés par les ordres, un bel assortiment de formes qui seront comme leurs consonnances. Les consoles sont des ornements d'une grande ressource dans les compositions, quand elles sont motivées sur les soutiens naturels de la construction, véritables prototypes de l'ornementation architectonique : les ornements ne sont beaux, d'ailleurs, qu'autant qu'ils sont parties constitutives d'un bâtiment ; les hors-d'œuvre produiront toujours un effet sujet à critique.

Dans l'architecture, cette maîtresse des arts dont les principes sont positifs, il faut joindre sans cesse l'agréable à l'utile, puisque sans la solidité elle ne remplit pas son but essentiel. Il faut d'autant s'attacher à cette règle, de ne rien faire qui n'ait son utilité, que la beauté et la perfection des ouvrages même les plus riches en composition, ne consistent que dans l'économie sage et raisonnée des ornements qui s'identifient à la construction même.

Pour terminer cette sixième Etude, je dirai à mon lecteur, d'après Perrault, que les Grecs nous ont donné cinq manières d'entre-colonnements. Ce sont les résultats de l'expérience des siècles passés ; il ne faut pas les perdre de vue, quoique plusieurs auteurs aient établi des principes en rapport avec nos usages. J'en donne d'ailleurs des tables suivant mes vues dans l'Etude quatrième, sur le rythme et la proportionnalité des ordres.

Les premiers jalons ont été posés par les Grecs, ils n'en sont pas moins bien placés; car comme dit Andrieux :

Tracés par le génie, aux lois du goût fidèles,
Leurs monuments détruits nous servent de modèles.

C'est à la source de l'antiquité qu'il faut remonter sans cesse pour avoir l'idée du beau dans les arts. Ainsi donc les Grecs ont reconnu cinq entre-colonnements, qui sont :

Le pycnostyle, quand l'entre-colonnement a la largeur du diamètre d'une colonne et demie ;

Le systyle, quand il a l'espace de deux colonnes et que les plinthes et leur base sont égales à leurs espacements;

Le diastyle, lorsque l'entre-colonnement a trois diamètres;

L'eustyle se fait en donnant à l'entre-colonnement la largeur de deux diamètres, plus un quart de ce diamètre;

L'aréostyle, lorsqu'il a plus de trois diamètres.

L'illustre Perrault, le savant traducteur de Vitruve, a ajouté à ces cinq manières et perfectionné l'aréosystyle, en ce sens que parmi ses colonnes les unes sont élargies comme dans l'aréostyle, les autres sont serrées comme dans le systyle, c'est-à-dire qu'elles sont par accouplement. Cet accouplement fait la fusion du deuxième espacement dans le cinquième. Ce grand homme a eu le rare bonheur d'avoir l'occasion de joindre le précepte à l'exemple dans l'exécution de la colonnade du Louvre, généralement approuvée, quoiqu'il y ait des architectes du temps qui blâment l'accouplement des colonnes, comme n'étant pas de bon goût.

Cette sixième manière d'entre-colonnement n'en devient pas moins classique et illustrée, puisque le bon et bel effet qu'elle produit à tous les yeux, la fait regarder par les connaisseurs comme le chef-d'œuvre des entre-colonnements. Ce sont les deux colonnes herculiennes de la perfection de l'art des espacements rythmiques, un autre Hercule peut-être viendra-t-il, qui en reculera les limites sans nuire à l'harmonie. Je le souhaite avec ardeur; jusqu'à ce temps admirons ce qu'admirera encore la postérité. L'accouplement des colonnes est comme le type des harmonies fraternelles et sororales, type pris sur la nature; ainsi deux arbres côte à côte fraternisent et s'unissent, en se soutenant l'un l'autre; ils s'harmonient en entremêlant leur branchage.

Les caractéristiques des ordres auront aussi leur conjugaison en les accouplant deux à deux, tels que plusieurs architectes distingués l'ont pratiqué aux bâtiments de la nouvelle Athènes, je veux dire de la Chaussée-d'Antin; notamment l'ingénieux architecte Ledoux, là, et aux barrières de Paris.

Nota. Dawiler s'exprime ainsi relativement aux cinq manières d'espacer les colonnes suivant Vitruve :

« Ce n'est pas qu'on doive les regarder comme une règle de laquelle il ne soit jamais permis de s'écarter, puisqu'au contraire, la plupart des édifices antiques varient assez sur ce point, aussi bien que les principaux auteurs; et qu'on n'ignore pas que l'ordonnance générale de l'édifice, et surtout la distribution des parties (ou caractéristiques) de l'entablement doivent décider des espaces des entre-colonnes; mais le sentiment de Vitruve ne laisse pas d'être d'une grande autorité, et l'on en doit faire d'autant plus de cas, qu'il cite des exemples bien respectables. »

Revenons à Perrault : voici le précepte très-simple sur lequel a été basé l'entre-colonnement aréosystyle; par exemple, la deuxième colonne d'un systyle à quatre colonnes étant jointe à la première, on augmente l'entre-colonnement milieu pour faire celui aréosystyle; ainsi la deuxième colonne vient se ranger à droite, et dans œuvre, en laissant un petit intervalle proportionnel entre son socle et celui de la première; la quatrième vient s'appliquer hors œuvre de la troisième et de la même manière.

Ces colonnes ainsi accouplées et montées à la hauteur

où elles sont placées au-dessus d'un soubassement de rez-de-chaussée, formant étage, ont dix diamètres et un quart de haut, au lieu de dix en les plaçant sur un socle.

Par exemple la colonne B d'un systyle ABCD étant jointe à la colonne A, on augmente l'entre-colonnement BC pour faire celui EF.

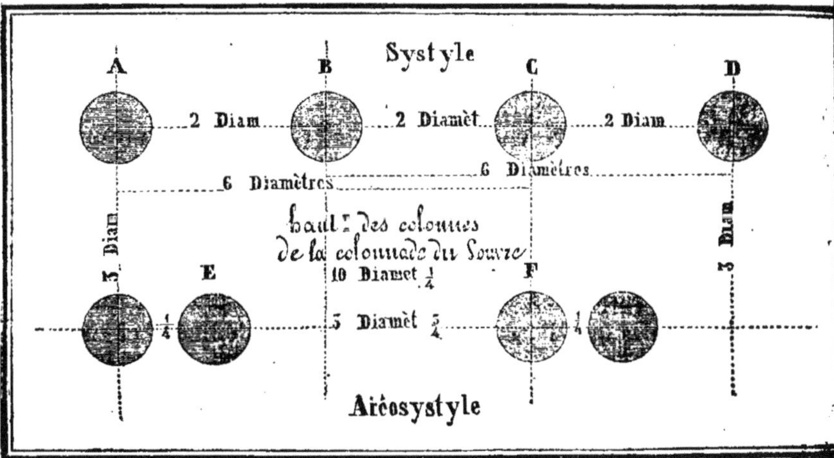

Pour l'armature des entre-colonnements ; il est bon de consulter le savant ouvrage de Rondelet sur l'art de bâtir. L'on y appréciera les modes de constructions en fer que Perrault et d'autres architectes, notamment celui du garde-meubles et de la marine, ont inventé pour maintenir l'horizontalité et la solidité des architraves. Combien d'applications ces modes de construction motiveront pour l'exécution des nefs d'églises à colonnades surmontées par des plates-bandes architravées qui les rallient entr'elles. Combien d'autres ne trouveraient-elles pas dans les bâtiments particuliers où l'on vise au mode horizontal plutôt qu'au plein-cintre qui assombrit les pièces.

Cette digression sur l'entre-colonnement de Perrault, procédé si simple d'un homme de génie, n'a ici sa place que pour engager les jeunes architectes à étudier dans son ouvrage traduit de Vitruve, les sept espèces d'ordonnances des temples antiques, ordonnances à fronton, qui feront suite à ce traité des ordres, savoir : le tétrastyle qui a quatre colonnes de front, l'hexastyle qui en a six, et l'octostyle qui en a huit, etc.

Pour moi, le but est à moitié atteint. J'ai, suivant ma conviction, pris la fleur du sujet que je traite, je leur indique de loin l'autre chemin et les engage à le suivre avec ce maître de science et d'art.

Dans l'Etude septième qui servira comme de confirmation au discours sur l'Harmonie des ordres grecs et romains, suivant l'aperçu que j'en ai donné dans l'Etude première, je ferai, autant qu'il me sera possible, d'après de nouvelles combinaisons, surgir une partie des sources qu'ils renferment dans leur composition.

Nota. Durand, dans son ouvrage sur l'architecture, destiné principalement aux élèves de l'école polytechnique qui ont peu de temps à donner à l'étude de cet art, pour se former un système de simplification et mettre l'échelle des ordres en harmonie avec ce système, les a *dénudés*, en enlevant les caractéristiques qui font partie de leur constitution; ainsi l'ionique et le corinthien sont privés, l'un de ses denticules, l'autre de ses modillons; l'ordre dorique mutulaire ne figure pas dans sa classification; l'ordre dorique grec se trouve entre le toscan et le dorique romain; il a confondu le grec, le romain et l'italien. Son travail, qui d'ailleurs a du mérite, sauf la décoloration des ordres, ne peut servir de règle, par cela même, à ceux qui se livrent exclusivement à l'étude de l'architecture.

ÉTUDE SEPTIÈME.

CONVERSIONS ET PROGRESSIONS DES ORDRES.

Les ordres typiques recevront dans cette Etude une nouvelle trempe dans les combinaisons d'échelles progressives qui suivent ; ils y doivent reparaître sous une nouvelle clarté, et renaître en quelque sorte sous un nouveau souffle régénérateur. Dans les conversions ci-après, l'alliance du Grec, du Romain et du Français, y établira la forme française, dont les architectes du seizième siècle, ou de la Renaissance, sont les législateurs, et ceux qui les ont suivis, les modèles. Le soleil et son prisme se reposeront sur chaque colonne du temple que les grands maîtres, dans les siècles, ont élevé à l'architecture.

Les échelles que j'ai composées seront comme des instruments d'harmonie qui serviront de diapazons à l'orgue du petit temple que j'ai dédié à l'architecture.

Dans leur principe et dans leur nomenclature, j'ai envisagé les ordres en général, sous deux modes, l'un majeur et l'autre mineur, *et vice versa ;* en outre je n'ai pas perdu de vue la fusion des deux ordres mitoyens pour en composer un troisième mixte ou composite. Le lecteur a dû déjà se pénétrer dans les Etudes précédentes des avantages de cette opération pour composer les ordres, de manière à se les approprier.

RÉSUMÉ DE L'ÉCHELLE GÉNÉRALE DES TYPES.

ORDRES MINEURS.

1°. Le toscan simple suivant Vignole : il est réduit ici à l'état de minorité pour le mettre en rapport avec les constructions ordinaires.

2°. Dorique à trigliphes, que je nomme simple étant sans mutules.

3°. Ionique denticulaire.

4°. Corinthien à modillons nus ou ornés.

ORDRES MAJEURS.

5°. Le grand toscan modillonnaire, c'est-à-dire à modillons nus, le corinthien reflétant ses modillons dans la corniche de son entablement.

6°. Le grand dorique mutulaire.

7°. Le grand ionien modillonnaire.

8°. Le romain ou corinthien double modillonnaire.

ORDRES COMPOSITES DANS LES MODES MINEUR ET MAJEUR.

1°. Entre le toscan simple, premier de l'échelle ci-dessus, et le dorique simple, un toscan à trigliphes nus, trigliphes sans canaux qui représentent les bouts de pièces de force.

2°. Entre le dorique simple et l'ionique, un dorique à trigliphes et denticules, tel que l'a illustré Scamozzi.

3°. Entre l'ionique et le corinthien, un composite denticulaire, tel que nous l'a donné Vignole, ou un ionien modillonnaire et denticulaire, ou bien un corinthien denticulaire.

ORDRES MAJEURS MÉLANGÉS.

4°. Entre le grand toscan modillonnaire et le grand dorique mutulaire, un toscan mutulaire.

5°. Entre le grand dorien et le grand ionien, un dorien modillonnaire, ou bien un dorique double mutulaire.

6°. Entre le grand ionique et le romain double modillonnaire, un composite à doubles modillons ou un ionien double modillonnaire.

En tout quatorze ordres complets qui se rangeront ainsi de gauche à droite :

1°. Le toscan simple ou pur.

2°. Le toscan à trigliphes nus ou plates-bandes verticales.

3°. Le dorique simple.

4°. Le dorique à trigliphes et denticules.

5°. L'ionique denticulaire.

6°. Le composite denticulaire.

7°. Le corinthien modillonnaire, ses modillons vont rayonner sur l'ordre suivant.

8°. Le toscan modillonnaire à modillons nus selon Vitruve.

9°. Le toscan mutulaire à plates-bandes ou trigliphes nus.

10°. Le grand dorique à mutules et trigliphes.

11°. Le grand dorien modillonnaire, ou double mutulaire.

12°. Le grand ionien modillonnaire, comme il peut devenir mutulaire si l'on fait rayonner le grand dorique sur cet ordre.

13°. Le grand composite double modillonnaire.

14°. Et le romain double modillonnaire.

On voit que cette échelle remplit toutes les conditions, en montant des caractères simples aux composites, sa progression croissante va de gauche à droite, à commencer par le toscan simple jusqu'au toscan modillonnaire exclusivement : mais cette échelle progressive va se trouver divisée en deux parties parallèles au moyen d'une conversion de gauche à droite, et les ordres correspondants figureront entr'eux en prenant les proportions qui sont assignées à chacun, savoir : 7, 8, 9 et 10 diamètres, et suivront l'ordre de la double échelle, détaillée ci-après, dont les deux branches montent progressivement du milieu, ou point de passage, aux extrémités.

PARALLÉLISME DE LA DOUBLE ÉCHELLE.

Ainsi par la conversion :

1°. Le toscan simple à gauche figurera avec le toscan modillonnaire à droite et ainsi de suite, et prendront 7 diamètres pour la colonne.

2°. Le toscan à plates-bandes verticales, figurera avec le toscan mutulaire à plates-bandes, ou trigliphes nus, c'est-à-dire sans canaux ; la colonne aura 7 diamètres et un quart.

3°. Le dorique simple avec celui mutulaire, 8 diamètres.

4°. Le dorique à trigliphes et denticules avec le dorien modillonnaire, 8 diamètres et un quart.

5°. L'ionien denticulaire avec l'ionien modillonnaire et denticulaire, 9 diamètres et un quart.

6°. Le composite denticulaire avec le composite double modillonnaire et denticulaire, 9 diamètres trois quarts.

7°. Le corinthien à modillons avec le romain double modillonnaire, 10 diamètres.

Les entablements auront le quart de la colonne.

Ainsi l'échelle que nous avons vue tout d'abord progressive, tout d'un trait, engendre deux échelles progressives concentriques et parallèles entr'elles, dont le point de passage est au milieu.

Pour obtenir la grandeur en architecture, il ne s'agit pas de faire des travaux d'une grande dimension, mais bien d'employer toutes les ressources de cet art à produire, par des oppositions habilement ménagées, un effet moral bien au-dessus de la réalité matérielle.

Après avoir classé les Romains et les Italiens, comme ayant des caractères plus connus, ainsi que nous l'avons annoncé dans notre première Etude, nous allons de nouveau mettre en parallèle sous un nouvel aspect les ordres grecs, ces maîtres de l'architecture. Je prendrai donc une marche toute parallèle à celle qui précède, afin de les mettre en lumière avec de nouveaux rayons, aux yeux et à l'intelligence des élèves; ces ordres que l'on peut considérer comme les générateurs de la belle et pure architectonique.

ECHELLE PROGRESSIVE DES ORDRES GRECS.

FORMATION DE CETTE ÉCHELLE.

Première partie.

1°. Pœstum simple (c'est-à-dire sans trigliphes et sans cannelures à la colonne). Il est réduit de même que le toscan a l'état de minorité.

2°. Le dorique simple (c'est-à-dire sans mutules et sans cannelures non plus).

3°. L'ionique denticulaire ou sans denticules comme l'ordre du petit temple sur l'Illysus.

4°. Le corinthien à denticules seules, qui est le corinthien purement grec.

Ces denticules vont rayonner sur l'ordre suivant.

5°. Le pœstum à trigliphes et denticules ou à denticules seulement.

6°. Le grand dorique à mutules et trigliphes.

7°. Le grand ionien modillonnaire; les modillons ont l'expression de denticules à peu près carrées, ainsi que l'ont pratiqué les Grecs. (Voir le Parallèle des ordres par le Lenormand.)

8°. Le grand corinthien double modillonnaire (correspondant au romain dans l'échelle de leurs ordres).

PROGRESSION DES ORDRES SECONDAIRES QUI SONT FORMÉS PAR LES PREMIERS.

1°. Entre le pœstum simple et le dorique, un pœstum à trigliphes nus que je nomme plates-bandes verticales.

Nous verrons peu à peu, dans cette composition des ordres, naître le style français.

2°. Entre le dorique simple et l'ionique denticulaire un dorique à trigliphes et denticules.

3°. Entre l'ionique et le corinthien un composite denticulaire, grec, ordre que l'on peut appeler græco-français.

4°. Entre le grand pœstum et le grand dorien grec, un pœstum à trigliphes et mutules.

5°. Entre le grand dorique et le grand ionien, un dorien modillonnaire. (Ordre francisé).

6°. Entre le grand ionien et le grand corinthien un composite double modillonnaire et denticulaire ou simplement double modillonnaire. (Ordre francisé).

En tout quatorze ordres complets qui se rangeront, ainsi qu'il suit, de gauche à droite.

ÉCHELLE GÉNÉRALE ET PROGRESSIVE

QUI ENGENDRERA UNE ÉCHELLE DOUBLE OU DEUX ÉCHELLES PARALLÈLES.

1°. Le pœstum simple, représentant le toscan simple.

2°. Le pœstum à plates-bandes, représentant le toscan à plates-bandes verticales.

3°. Le dorique simple.

4°. Le dorique à trigliphes et denticules.

5°. L'ionien denticulaire ou sans denticules.

6°. Le composite denticulaire à franciser par le style.

7°. Le corinthien denticulaire.

8. Le pœstum denticulaire ou modillonnaire, l'expression du corinthien rayonnant sur lui.

9. Le pœstum mutulaire à mutules nues, c'est-à-dire sans gouttes au-dessous avec plates-bandes ou sans plates-bandes verticales.

10. Le grand dorique à mutules et trigliphes.

11. Le grand dorique modillonnaire.

12. Le grand ionique modillonnaire et denticulaire.

13. Le grand composite double modillonnaire et denticulaire, les denticules avec les doubles modillons donnant à l'entablement l'expression la plus grandiose (en style français).

En renversant la première partie de cette échelle, à commencer par le pœstum simple jusqu'au pœstum denticulaire ou modillonnaire, exclusivement, la conversion s'opérant de gauche à droite, comme à l'échelle progressive romaine qui précède, produira deux échelles parallèles et progressives qui se proportionneront entr'elles par rapports analogues et symétriques, en élevant les colonnes à 4, 6, 8 et 10 diamètres, ainsi qu'il suit :

PROGRESSION DOUBLE.

1. Le pœstum simple à gauche figurera avec le pœstum denticulaire à droite (colonnes quatre diamètres et un quart).

2. Le pœstum avec plates-bandes figurera avec le pœstum mutulaire et à plates-bandes (cinq diamètres) ou trigliphes nus.

3. Le dorique simple, c'est-à-dire à trigliphes et sans mutules, se trouvera en parallèle avec le dorique à trigliphes et mutules. (Six diamètres.)

4. Le dorique à trigliphes et denticules figurera avec le dorien modillonnaire. (Six diamètres et un quart.)

5. L'ionien denticulaire avec le grand ionien modillonnaire, c'est-à-dire à denticules presque quadrangulaires. (Huit diamètres.)

6. Le composite denticulaire avec le composite double modillonnaire et denticulaire, si l'on veut monter l'ordre à sa plus haute expression. (Neuf diamètres et trois quarts de diamètre.)

7. Le corinthien à denticules figurera avec le grand corinthien, c'est-à-dire, celui à double modillons. (Dix diamètres.)

Le pœstum simple aura un entablement aux trois septièmes de la hauteur de la colonne, ainsi que le pœstum denticulaire; l'entablement du grand corinthien prendra les deux neuvièmes ou entre le quart et le cinquième, ou bien deux diamètres et un quart, ou deux diamètres vingt-cinq centièmes, ainsi que le corinthien denticulaire; ces quatre ordres, deux à deux, se trouvent chacun aux extrémités de l'échelle progressive.

Ce sont des combinaisons analogues qui, pendant trente années, ont donné aux maisons de la Chaussée-d'Antin des caractères expressifs et originaux, on peut dire pittoresques, et qui ont fait de ce quartier parisien une nouvelle Athènes.

Au foyer des deux gammes ou échelles, tant celle grecque que romaine qui deviennent actuellement græco-française et romaine francisée, placez, figurant entr'eux parallèlement, deux persiques ou deux Janus, dont un à gauche pour l'échelle romaine, supportera un entablement toscan pur, l'autre à droite un entablement mutulaire ; de même aux échelles grecques le persique de gauche supportera un entablement pœstum pur ou simple sans mutules, et celui de droite un entablement denticulaire : en tout seize ordres complets.

Les Grecs et les Romains, et surtout les Grecs, n'ont pas appliqué tous ces caractères à des monuments de grandes dimensions ; les applications en ont été faites par leurs architectes à des bâtiments civils, en prenant une expression sinplifiée sur ces mêmes caractères.

Il y a dans les monuments d'architecture, dit un auteur judicieux, deux sortes de grandeur : la grandeur physique ou réelle qui est tout arbitraire et tient aux dimensions qu'on juge à propos de donner à telle ou telle composition, puis la grandeur morale qui résulte de l'effet que produit sur le spectateur l'ensemble d'un monument par suite de l'heureuse combinaison des parties avec le tout, et de l'opposition bien entendue des détails avec les masses, quelles que soient d'ailleurs ses dimensions.

Il est tel bâtiment ou monument qui, par une con ception habile des divers éléments dont il se compose, paraîtra avoir des proportions gigantesques, ne conservera, représenté dans les conditions supposées précédemment, que l'apparence d'un monument de proportions très-ordinaires.

Or il faut, en fait de productions d'architecture, qu'elles paraissent au moins ce qu'elles sont, jamais moindres et bien plutôt au-dessus de leur véritable dimension.

C'est en effet en vue d'un tel résultat, que se font tous les efforts de l'art, dont le principal but est de produire, par les applications qu'on en peut faire avec choix et sciemment dans tous les caractères d'ordres, par fusion, par abstraction, par la disposition savante des lignes, par la juste distribution des pleins et des vides, par le nombre des divisions et leur contraste, de produire, dis-je, l'effet d'une grandeur qui frappe et impressionne réellement le spectateur, bien qu'elle n'existe que dans son esprit.

Un auteur a écrit : « Quelques personnes ont cru faire un grand éloge de Saint-Pierre de Rome en disant : Voyez quelle perfection ! ce monument est colossal !.. Eh bien, tout est en si parfaite harmonie qu'on ne s'en douterait pas, et qu'il faut s'en assurer par sa propre expérience. Nous croyons qu'on ne saurait émettre une opinion plus fausse et faire une critique plus complète de la conception de Saint-Pierre ; c'est-à-dire qu'on a fait gros et grand outre mesure, sans obtenir l'effet de grandeur qu'on s'était proposé, et cela, parce que tous les éléments dont se compose cette église ne sont pas artistement combinés, puisqu'ils pourraient être moitié moins grands, sans rien perdre de leur valeur, comme on a pu en juger par toutes les églises, qui dans des dimensions bien moindres, ont été depuis calquées sur Saint-Pierre de Rome. Si, malgré cette erreur, l'église de Saint-Pierre produit encore une grande impression, c'est que l'on ne peut se défendre d'un sentiment de surprise, disons même d'admiration, en présence des œuvres de l'homme, dont les proportions dépassent les limites ordinaires (1). »

Dans la huitième Etude qui sera comme la péroraison de cet ouvrage, je donnerai encore des tables avec les proportions et combinaisons des ordres suivant mes spéculations, ayant dessiné et composé avec soin tout ce que j'ai écrit. Dans cette huitième Etude j'ai modifié les proportions des entablements et des piédestaux, pour répondre aux raisons données ci-dessus, c'est-à-dire que les entablements avec la proportion du quart au cinquième, paraîtront avoir autant de valeur qu'avec celle au quart qui est colossale.

Novalis a dit de l'architecture qu'elle est une musique pétrifiée, et ce mot a dû exciter plus d'un sourire d'incrédulité. Nous ne croyons pouvoir mieux reproduire cette pensée qu'en appelant l'architecture une musique muette.

« Qu'on se représente Orphée bâtissant une ville aux
» accords de la lyre, un vaste emplacement est préparé;
» le chantre divin, après avoir choisi l'endroit le plus
» convenable, prend sa lyre. Soudain les rochers, obéis-
» sant au charme irrésistible de l'harmonie, se détachent
» des montagnes, régulièrement découpés et taillés.

---

(1) Le Panthéon de Rome a moins coûté que la basilique de Saint-Pierre, et il offre aux artistes un modèle plus parfait. Les plus petits monuments des Grecs inimitables parlent à l'âme par l'élévation de la pensée et par le sentiment répandu sur les moindres détails. Un temple de briques, un autel, un tombeau, un vase de terre, d'un style simple, d'un profil tranquille, pur, et j'ose dire divin, nous humilient souvent en nous faisant sentir la sublimité de nos maîtres.

» Comme saisis d'enthousiasme, ils se meuvent et
» s'ébranlent d'après les règles d'une savante archi-
» tecture, se disposent en assises suivant les lois du
» rythme, et forment des murailles. Ainsi s'alignent des
» rues qui s'ajoutent les unes aux autres. La ville est
» bâtie; des murs de défense forment son enceinte.

» Les sons de la lyre ont cessé, mais l'harmonie existe.
» Les habitants d'une pareille ville circulent et travail-
» lent au milieu de ces mélodies éternelles; l'esprit ne
» défaille jamais; son activité est sans cesse tenue en
» éveil; l'œil se substitue à l'oreille, usurpe son rôle et
» sa fonction. Les habitants, pendant les jours ordi-
» naires, sont dans un état idéal. Sans y songer, sans
» remonter à l'origine, ils goûtent la plus haute jouis-
» sance morale et religieuse. Que l'on se promène sou-
» vent dans Saint-Pierre de Rome, et l'on éprouvera
» quelque chose d'analogue à ce que nous osons exprimer.

Voilà ce que dit Gœthe dans sa poésie de l'Architecture, et il ajoute :

« Au contraire, dans une ville mal bâtie, où le hasard,
» avec son misérable balai, a entassé pêle-mêle les
» maisons et les édifices, les habitants vivent sans y
» penser au milieu du désordre et de la barbarie. Tout
» est morne et triste autour d'eux. Pour l'étranger,
» lorsqu'il entre dans la ville, ce spectacle produit sur
» lui la même impression que s'il entendait un bruit de
» cornemuses, de fifres, de tambours de basque, et si on
» se préparait à le faire assister à une danse d'ours ou à
» des tours de singes. »

Une véritable architecture doit avoir des règles, un rythme, une prosodie et des éléments reconnus de modulation et même de mélodie par la délicatesse de ses moulures.

Ce qui caractérise spécialement l'architecture des Grecs, ce sont les ordres, autrement dits le rythme, les lois des proportions, les principes régulateurs, à l'aide desquels ils ont imprimé à leurs œuvres une si parfaite harmonie et une si rare perfection, qu'on n'a jamais pu les égaler depuis.

L'architecture grecque est un art radical, constitué de la manière la plus rationnelle, dans lequel a été reconnue la nécessité des rythmes représentés par les différents ordres, condition tout aussi essentielle pour toute architecture qui prétendra être constituée comme art, que les conditions auxquelles, sous d'autres formes, doivent être soumises la poésie et la musique. « L'architecte bâtit, pour ainsi dire, les idées du poète, et les fait toucher aux sens. » (Châteaubriand).

ÉTUDE HUITIÈME.

FORMATION DE TABLEAUX

SUR L'ARRANGEMENT ET COMBINAISON DES ORDRES CHROMATIQUES ET SUR LEURS PROPORTIONS.

Le tableau sur lequel est basé principalement cette dernière Etude, donne les proportions des entre-colonnades, les hauteurs des piédestaux et des entablements : les entablements ont entre le quart et le cinquième ou les deux neuvièmes et les piédestaux du tiers au quart (1).

Je mets en parallèle à ce tableau, un autre que j'ai composé également sur les ordres grecs, que je donne dans cette Etude comme un essai et comme le résultat de mes autres Etudes.

Relativement au tableau principal, en adoptant la proportion du quart au cinquième pour les entablements et celle du tiers au quart pour les piédestaux, j'ai pensé que celle du quart, donnée par Vignole aux entablements et celle du tiers aux piédestaux étaient trop hautes et partant trop dispendieuses, et qu'elles sont rarement employées en exécution ; que celle du cinquième donnée aux entablements par Palladio et Scamozzi, n'était pas assez élevée pour donner l'air et l'espace qui sont néces-

(1) J'ai fait les études en grand des entablements et piédestaux diatoniques et chromatiques.

saires aux caractéristiques des ordres romains et italiens, mis au jour dans un état de plénitude complet, j'ai donc fait choix de la moyenne entre ces deux proportions. L'eurythmie des autres parties en sera plus variée, elle gagnera en gaîté ce qu'elle perd en monotonie, en régularité systématique, par la répartition trop uniforme que l'on remarque principalement dans quelques-uns des ordres de Vignole. On peut donc avancer, sans présomption, qu'il serait possible de faire mieux, tout en réduisant ces ordres dans les rapports proportionnels des minutes modulaires de Vignole, à l'instar de Lenormand. (Vignole des ouvriers.)

A vrai dire, cet auteur, je veux dire Vignole, a mis en lumière une méthode facile qui convient aux premières études sur les proportions : aussi ce mérite lui a-t-il fait donner le nom de Législateur de l'architecture, et celui de Vignole aux livres qui traitent des ordonnances et des arcades.

Pour obtenir les proportions que j'ai adoptées dans le tableau ci-après, l'on aura la proportion du quart au cinquième, en divisant la hauteur de la colonne d'abord en quatre parties et puis en cinq ; en prenant la moitié de la différence on a le résultat; pour celle du tiers au quart, on opère de même sur cette hauteur de la colonne, ou mieux on divise la hauteur totale de l'ordonnance en vingt parties, dont quatre pour le piédestal ou stylobate, treize pour la colonne et trois pour l'entablement, ce qui comprend toute l'ordonnance, sur la hauteur qui lui a été donnée, soit à volonté, soit sur les mesures usuelles.

Une proportion trouvée encore des plus convenables par les architectes, est celle qui donne deux diamètres à tous les entablements : mais les ordres corinthien et romain, pour la place de leurs caractéristiques, doivent avoir leur entablement sur la hauteur de deux diamètres et un quart, car deux diamètres représentant le cinquième de la colonne divisée en dix diamètres, cette proportion n'a pas assez de hauteur, et c'est ce qui a obligé Palladio, afin d'avoir un modillon tombant à plomb de l'axe de la colonne, de donner un bombement à la frise de son ordre composite double modillonnaire.

Les caractères des ordres sur les modes septenaire et chromatique, ayant été bien constatés dans les Etudes précédentes, ainsi que les principales phases de leurs révolutions, tant sur le style grec que sur le style romain; ayant étudié avec un soin persévérant les proportions qui les régissent, j'en ai déduit celles en première ligne que l'on trouvera graduées progressivement dans les deux tables suivantes, formées d'ailleurs, sur des dessins graphiques que j'ai composées.

ECHELLE CHROMATIQUE.

NOMENCLATURE DES ORDRES ROMAINS-FRANÇAIS.	Espacements des colonnes par le bas.	Espacements des colonnes par le haut	Hauteurs des colonnes.	Hauteurs des entablements du 1/4 au 1/5.	Hauteurs des piédestaux du 1/3 au 1/4.
Corinthien modillonnaire....	2d 1/6	2d 1/3	10d »	2d 25c	2d 95c
Composite denticulaire.....	2. 1/4	2. 5/12	9. 3/4	2. 20	2. 85
Ionique denticulaire.......	2. 1/3	2. 1/2	9. »	2. »	2. 65
Dorique à trigliphes et dentles.	2. 5/12	2. 7/12	8. 1/3	1. 90	2. 45
Dorique simple...........	2. 1/2	2. 2/3	8. »	1. 80	2. 35
Toscan................	2. 1/3	2. 1/2	7. »	1. 60	2. 10
POINT DE PASSAGE.					
Toscan mutulaire.........	2. 1/3	2. 1/2	7. 1/3	1. 70	2. 25
Dorique à mutules et trigles..	2. 1/2	2. 2/3	8. »	1. 80	2. 35
Dorique modillonnaire.....	2. 5/12	2. 7/12	8. 1/3	1. 90	2. 45
Ionique modillonnaire......	2. 1/3	2. 1/2	9. »	2. »	2. 65
Composite double modillonre.	2. 1/4	2. 5/12	9. 3/4	2. 20	2. 85
Corinthien double modillonre.	2. 1/6	2. 1/3	10. »	2. 25	2. 90

PARALLÉLISME DES ORDRES GRECS FRANCISÉS.

TABLE D'ESSAI DE LEURS PROPORTIONS.

NOMENCLATURE DES ORDRES GRECS FRANCISÉS.	Espacements des colonnes par le bas.	Espacements des colonnes par le haut.	Hauteurs des colonnes.	Hauteurs des entablements sur la colonne.	Hauteurs des stylobates.
Corinthien denticulaire (1)..	2d 1/4	2d 5/12	10d »	»d 1/5	3d »
Composite denticulaire.. ...	2.1/3	2.1/2	10. »	».2/9	3.»
Ionique avec ou sans denticles.	2.5/12	2.7/12	8. »	».1/4	3.»
Dorique à triglies et denticles.	2.1/2	2.2/3	7. »	».7/24	3.»
Dorique simple..........	2.7/12	2.3/4	6. »	».1/3	3.»
Pœstum simple, c.-à.-d. à trigliphes seulement.......	2.5/12	2.7/12	4. »	».1/2	3.»
POINT DE PASSAGE.					
Pœstum mutulaire.........	2.1/2	2.2/3	5. »	».5/12	3.»
Dorique à mutles et trigliphes.	2.7/12	2.3/4	6. »	».1/3	3.»
Dorique modillonnaire......	2.1/2	2.2/3	7. »	».7/24	3.»
Ionique modillonnaire......	2.5/12	2.7/12	8. »	».1/4	3.»
Composite double modillonre.	2.1/3	2.1/2	10. »	».2/9	3.»
Corinthien double modillonre.	2.1/4	2.5/12	10. »	».1/5	3.»

Le tableau ci-après donne l'ensemble des ordres chromatiques dans une progression croissante tout d'un trait, série progressive faite d'après un dessin graphique. Cette échelle progresse de gauche à droite comme on peut la progresser de droite à gauche ; néanmoins j'ai préféré la première comme étant en rapport avec l'usage bien naturel (puisqu'on lit de gauche à droite) de représenter, dis-je, la coupe d'un édifice, dont l'entrée

(1) Pour l'entablement denticulaire du corinthien grec, on peut adopter la proportion du 1/5, ayant moins de montre et partant plus de douceur que le corinthien romain.

doit être figurée à la gauche du spectateur. L'arrangement des ordres de ce tableau est en harmonie avec la marche que j'ai suivie dans mon Etude première. Dans ce tableau les entablements ont du 1/4 au 1/5 ou les 2/9 de la colonne, et les piédestaux du 1|3 à la 1/2, ou les 5/12 de la colonne.

TABLEAU PROPORTIONNEL

DES ORDRES CHROMATIQUES,

OU TABLE GÉNÉRATRICE DES ORDRES PARALLÉLISÉS.

COLONNE NOMINATIVE.	Entrecolonnements		Hauteurs des		
	inférieurs.	supérieurs.	colonnes.	entablements du 1/4 au 1/5.	piédestaux du 1/3 au 1/4.
Dorique simple ou pur.....	2d 1/2	2d 2/3	8d »	1d 80c	2d 35c
Dorique à trigles et denticles.	2.5/12	2.7/12	8.1/3	1.90	2.45
Ionique à denticules.......	2.1/3	2.1/2	9. »	2. »	2.65
Composite à denticules (1)..	2.1/4	2.5/12	9.3/4	2.20	2.85
Corinthien.............	2.1/6	2.1/3	10. »	2.25	2.95
Toscan simple...........	2.1/3	2.1/2	7. »	1.60	2.10
Toscan mutulaire.........	2.1/3	2.1/2	7.1/3	1.70	2.25
Dorique à mutles et trigliphes.	2.1/2	2.2/3	8. »	1.80	2.35
Dorique modillonnaire.....	2.5/12	2.7/12	8.1/3	1.90	2.45
Ionien modillonnaire......	2.1/3	2.1/2	9. »	2. »	2.65
Composite double modilre (2).	2.1/4	2.5/12	9.3/4	2.20	2.85
Romain double modillonnre.	2.1/6	2.1/3	10. »	2.25	2.90

(1) Ou bien l'ionique à modillons et denticules, la colonne aura 9d 1/4 de haut, l'entre-colonnement 2d 1/4, le piédestal 2d 70c, l'entablement 2d 10c.

(2) Ou l'ionique double modillonnaire : colonne 9d 1/4, entre-colonnement 2d 1/4, piédestal 2d 70c, entablement 2d 10c.

Pour la progression ascendante de l'échelle chromatique, on peut don-

La construction de mon échelle *ou* série chromatique (qui peut être considérée comme le principe de l'attraction de la généralité des ordres), s'établit de manière qu'ayant fixé les deux axes extrêmes, des deux ordres dorien et romain dans le cadre donné; si l'on suppose le premier de 1 mètre 33 centimètres de diamètre et le dernier de 2 mètres de diamètre, on les dispose en masse en divisant chaque hauteur extrême en vingt parties, dont trois pour l'entablement, treize pour la colonne et quatre pour le piédestal; ces trois divisions coïncident avec les proportions du tableau, en observant que sur la division vous compassez le nombre des diamètres dévolus à chaque genre de colonnes. On obtient donc onze entr'axes entre les deux axes extrêmes; on trace ensuite les lignes d'inclinaison partant des points déterminés pour le piédestal, la colonne et l'entablement des deux ordres premier et dernier, et sur les axes élevés dans l'espace, on obtient la hauteur des piédestaux, des entablements et des colonnes de la série. On divise, comme nous l'avons dit, la hauteur entre l'entablement et le piédestal par le nombre de diamètres, dévolu à chaque ordre, afin d'obtenir les grosseurs proportionnelles des colonnes.

Relativement au dessin de l'ordre tronqué, c'est-à-dire pour étudier, *a parte,* l'entablement, les deux tronçons de la colonne et ceux du piédestal sur un grand module, afin d'éviter les nombres qui deviennent par trop frac-

---

ner 2d à l'entablement du premier ordre, qui est le dorien, et 2d 1/4 à l'entablement romain: les ordres intermédiaires auront les progressions relatives.

tionnaires et qui sont réductibles dès-lors à leur plus simple expression, en abstrayant les parties aliquotes; vu encore leur subdivision amenée par les opérations de la moitié du tiers au quart et de la moitié du quart au cinquième : pour avoir donc des proportions les plus justes possibles et partant plus faciles, on opérera par le moyen des décimales, en divisant les diamètres chacun en dix parties, lesquels seront nommés des déci-diamètres, qu'on subdivisera en dix, afin d'avoir des centi-diamètres, etc.; et, avec ces décimales modulaires, on aura très-exactement les proportions des hauteurs d'entablements et de piédestaux séparément pour les études de détails. En dessinant ensuite à la main et avec précision tous les membres et toutes les moulures renfermés dans ces proportions; en épurant le tracé des lignes toujours avec la main qui satisfera l'œil, viendra l'étude de l'eurythmie, c'est-à-dire la recherche des proportions relatives des petites parties avec les grandes, *et vice versa*.

Pour trouver les motifs des entre-colonnements, j'ai fixé le point de départ de la série chromatique, d'après la proportion de l'ordre dorique simple, en telle sorte que donnant huit diamètres de haut à la colonne et la moitié du quart au cinquième ou les deux neuvièmes à l'entablement, j'ai cherché un espacement qui rendît les métopes carrées. Ayant trouvé que l'entre-colonnement de deux diamètres et un demi-diamètre remplissait la condition, je l'ai adopté comme point de départ, et partant j'ai eu une proportion décroissante et croissante, tantôt l'une, tantôt l'autre, suivant divers rapports, pour obtenir les entre-colonnements des ordres premiers.

Quant aux ordres secondaires de la première série jusqu'au toscan exclusivement, de même qu'à ceux de la deuxième série qui comprend les ordres majeurs, j'ai pris la moyenne des deux entre-colonnements collatéraux. Ces bases, proportionnellement graduées, sont celles qui ont le plus de rapport avec les espacements suivis par les anciens et les antiques; elles sont relatives d'ailleurs à la hauteur harmonique des colonnes faisant type, ainsi que la statuaire attribuait telle ou telle proportion aux premiers caractères des statues; et de plus, dans les entr'axes proportionnels, les caractéristiques auront le nombre adopté d'un axe à l'autre, de même que le rythme qui convient à chacun des caractéristiques suivant les principes d'une belle et bonne harmonie.

Ainsi figureront six modillons dans l'entablement corinthien d'un axe à l'autre, sept à l'ordre ionien modillonnaire, quatre trigliphes à l'entablement dorique; les trigliphes auront un demi-diamètre pris au milieu de la colonne qui diminue d'un vingt-quatrième sur le demi-diamètre inférieur, proportion qui donnera plus de grâce et de légèreté aux trigliphes.

Après l'espacement de deux diamètres et demi attribué à l'ordre dorien simple, celui de deux diamètres et un tiers sera appliqué à l'ordre ionien, sa colonne aura neuf diamètres de haut : ces proportions, sauf un douzième en plus que j'ai donné à l'entre-colonnement sur celui de deux diamètres un quart, étaient les plus généralement approuvées des anciens. Ils nommaient l'entre-colonnement de deux diamètres et un quart, la belle et élégante manière.

Le troisième entre-colonnement de deux diamètres et

un sixième que prendra le corinthien a peu de différence avec l'entre-colonnement du portique au Panthéon dit de la Rotonde, à Rome, lequel a été bâti par Agrippa.

Le dorique mutulaire, l'ionique modillonnaire et le romain double modillonnaire ont les mêmes entr'axes que les premiers.

Pour le toscan simple qui est considéré ici comme l'ordre milieu ou mixte, ayant deux intervalles ou entr'axes dans l'échelle et qui forme un point de passage entre le dorique mutulaire, j'ai donné au premier deux diamètres et un tiers de diamètre; cet écartement est le même que celui de Vignole et surpasse d'un sixième celui du corinthien.

J'ai espacé également de deux diamètres et un tiers de diamètre, le toscan mutulaire qui est le parallèle du premier; sa colonne prendra sept diamètres et un quart. Par cette proportion, l'entablement qui a du quart au cinquième et le piédestal du tiers au quart, sont moins élevés que l'entablement et le piédestal de l'ordre toscan de Vignole. Le toscan mutulaire participe du caractère herculien et martial, et doit aussi en retenir les proportions de force et de grandeur relatives. Cet ordre qui a été illustré par l'architecte Lucotte, étant applicable à la construction d'un bâtiment ou monument d'un genre plus élevé que le rustique, n'en conservera pas moins ces deux caractères dans sa structure et sa proportion modifiées, par la raison qui a été donnée dans l'Etude septième, qu'il ne s'agit pas de faire grand outre mesure pour produire un effet plus grandiose.

Vignole m'a servi de point d'appui pour établir des

proportions rythmiques, parce qu'il a la supériorité classique sur tous les auteurs architectes qui ont traité des ordres. Palladio, au treizième chapitre de son livre premier, dit textuellement que les anciens ne donnaient jamais moins de deux diamètres et demi à l'entre-colonnement toscan. Vignole ayant mesuré avec un soin scrupuleux les restes de l'antiquité, lui, qui a recréé et illustré cet ordre, n'a pas donné non plus deux diamètres et un tiers de diamètre sans s'être appuyé sur l'antiquité; car en écartant davantage les colonnes, l'ordonnance entière mettrait en désaccord la force et la grandeur.

Peyre, architecte, dans un ouvrage qu'il a publié sur les principes que les anciens observaient pour la disposition des colonnes et des entablements, s'exprime ainsi :

« Il est certain que lorsque les colonnes sont fort distantes les unes des autres, elles semblent maigres; les entablements, si légers qu'ils soient, paraissent les trop charger : au contraire, lorsqu'elles sont serrées, elles paraissent plus mâles, et les entablements plus légers. Les plafonds carrés que l'on pratique entre les colonnes, acquièrent une belle proportion et se lient parfaitement avec la richesse ou la simplicité des chapiteaux. Il n'y a personne qui n'ait vu la Maison-Carrée de Nismes, qui est le monument ancien le mieux conservé, qui ne convienne qu'elle a une noblesse et une majesté qui ne se rencontrent dans aucun des bâtiments modernes. Je suis persuadé que s'il était possible d'en écarter les colonnes peu à peu, à mesure qu'elles s'éloigneraient, elles perdraient de leur beauté, et le bâtiment de son style, et qu'enfin il deviendrait d'une mauvaise proportion.

» La construction des colonnades, suivant les principes

des anciens, serait bien plus analogue à notre climat et aux matériaux que nous avons, que celle que l'on a pratiquée jusqu'à présent.

» Lorsque l'architecture est bien proportionnée, elle paraît toujours solide ; les corps apparents dans un bâtiment construit en pierre doivent être en état de se soutenir seuls sans secours étrangers ; les fers que l'on y emploie ne font que des constructions factices ; et quoiqu'il soit prudent d'en employer, ce ne doit être que pour plus grande solidité et pour prévenir les accidents qui pourraient arriver par quelques tassements ou lors des dépérissements ; ils ne doivent jamais faire construction première, et il faut toujours qu'un bâtiment puisse à la rigueur s'en passer, sans quoi le spectateur, qui ignore les moyens intérieurs que l'on a mis en œuvre, ne peut voir un tel bâtiment sans ressentir un effet de crainte. Il faut que les monuments soient assez solides pour paraître tels à l'œil, et il est certain que les colonnes grêles et écartées que quelques architectes ont faites, ne paraissent pas assez fortes pour porter leurs entablements et retenir la poussée de leurs plates-bandes, comme effectivement elles ne le sont pas, puisque l'on est obligé d'avoir recours aux expédients du fer. »

Je crois avoir des bases rythmiques assez rationnelles, d'après ce qu'on vient de lire, pour répondre que la série harmonique des entre-colonnements qui figurent dans la table troisième de cette Étude des ordres chromatiques, tout en obéissant à nos usages actuels et aux principes d'une bonne construction, se rapproche le plus harmonieusement qu'il m'a été possible d'opérer, des bases posées par l'antiquité qui a toujours été mon point de mire, en évitant cependant ce qu'il y avait de défectueux, tel que l'entre-colonnement d'un diamètre et demi attribué au corinthien, entre-colonnement dont les anciens eux-mêmes avaient reconnu l'inconvénient, parce que les plinthes des bases étaient trop proches les unes des autres et ne laissaient pas assez de place à la circulation, et qu'ils étaient obligés d'avoir l'entre-colonnement-milieu du temple plus large que les autres, manque de rectitude chez les modernes, et dont on a fait l'épreuve à la Magdeleine de Paris, où l'entre-colonnement-milieu avait été mis plus large que les collatéraux, disposition qui a motivé le déplacement de toutes les colonnes, déplacement qui a retardé sa construction d'une trentaine d'années et coûté considérablement; c'est pourquoi les rythmes des entre-colonnements ne sauraient être trop approfondis par des études consciencieuses.

Une remarque à faire, est celle qu'au péristyle du Panthéon de Rome les entre-colonnements des huit colonnes formant le porche, diminuent progressivement à partir du milieu; ce principe de graduation a été suivi par les anciens. Il est à remarquer aussi que les colonnes d'angles de leurs péristyles étaient d'un diamètre plus fort que le diamètre des colonnes de front, parce que l'air et l'espace font paraître moins fortes celles qui sont placées aux angles que les collatérales.

Relativement aux entre-colonnements, les principes des architectes français du dix-neuvième siècle sont et seront plus sévères et non moins artistiques; on en voit déjà des preuves au péristyle de la Bourse de Paris. Les rythmes, c'est-à-dire les entr'axes motivés sur les données du plan qui doit être composé avec une entente harmonieuse, doivent être espacés également. L'art architecturale ayant fait de grands progrès, doit se renfermer en des principes d'unité et de pureté, qui feront naître désormais des inspirations de perfectibilité et de finesse dans l'exécution, qualités qui sont inhérentes à l'esprit français.

L'Etude des nouveaux rythmes a une source de combinaisons variées dans le nombre douze, entre les deux bornes placées par l'expérience constructive des siècles, dans l'intervalle des deux entre-colonnements deux et trois diamètres; les modernes sont sortis de cette règle et ont été de trois à quatre. (Voir les deux tableaux de formation d'entre-colonnements dans l'Etude quatrième.)

Les anciens ne donnaient jamais plus de trois diamètres aux entre-colonnements des porches et péristyles de leurs temples, excepté à l'entre-colonnement toscan, pour lequel ils employaient des sommiers de bois servant d'architraves, lorsqu'ils l'écartaient de trois diamètres, et encore ne le faisaient-ils que pour des constructions ordinaires. C'est, je le répète, dans ces deux limites de deux diamètres à trois, et de trois à quatre au plus, que l'on doit espacer les ordres, d'après nos usages et notre mode de construction, même en employant le fer. C'est sur des études méditées, en ajoutant et retranchant, que je suis parvenu à accorder des rythmes qui ne seront pas sans utilité.

En considérant que les arcades en général embarrassent et assombrissent, dans beaucoup de cas, les étages supérieurs et les rez-de-chaussées, ne devrait-on pas s'en affranchir en suivant les principes des espacements dont les limites sont fixées par l'eurythmie et la modulation, dès lors que la construction relative au soutien et à la portée des architraves, plates-bandes et entablements s'est perfectionnée, et qu'il a été trouvé des moyens de stéréotomie et d'armatures en fer, qui n'étaient pas à la connaissance de l'antiquité, car les anciens ont fait des architraves et des entablements monolythes : l'on peut donc, de préférence aux arcades, employer les colonnes, les pieds-droits, les antes ou les pilastres reliés par des plates-bandes.

ÉTUDE NEUVIÈME.

Cette Etude a principalement en vue la composition des façades tant intérieures qu'extérieures.

En mûrissant depuis longues années la grande pensée des ordres, je suis arrivé à établir la septième, douzième, quinzième et suivantes, qui seront détaillées ci-après :

Cinq, sept et douze sont des nombres sympathiques, servant d'éléments à tous les autres ; ainsi les intervalles de la septième ont donné la cinquième ; la cinquième et la septième ont formé la douzième, et par des révolutions la dix-septième, etc. Toutes ces combinaisons commencent et finissent au nombre ternaire.

La cinquième se compose : 1°. du dorique à trigliphes et denticules ; 2°. du composite denticulaire ; 3°. du toscan mutulaire ; 4°. du dorique modillonnaire ; 5°. du romain double modillonnaire.

Pour composer une élévation de la cinquième ou des cinq ordres intercalaires qui sont le résultat des intervallaires (1) ; cette élévation, dis-je, s'étagera ainsi qu'il suit : 1°. toscan mutulaire ; 2°. dorique modillonnaire ; 3°. dorique à trigliphes et denticules ; 4°. composite denticulaire ; 5°. composite double modillonnaire.

---

(1) L'ordre intercalaire emprunte séparément, à son voisin de droite ou à son voisin de gauche, ou bien simultanément à ses deux voisins intervallaires.

La cinquième détaillée ci-dessus, comme nous l'avons vu, se compose de demi-caractères.

La cinquième des caractères principaux se compose de la série du dorique simple, de l'ionien denticulaire, du corinthien modillonnaire, du dorien mutulaire et de l'ionien modillonnaire.

TABLEAU D'ENSEMBLE

DES SEPT PRINCIPALES SÉRIES DES ORDRES ARCHITECTURAUX.

1°. TROISIÈME.

Dorique à trigliphes.
Ionien à denticules.
Corinthien à modillons.

2°. QUATRIÈME.

Toscan.
Dorique mutulaire.
Ionien modillonnaire.
Romain double modillonnaire.

3°. CINQUIÈME.

Dorique à trigliphes.
Dorique à trigliphes et denticles.
Ionien à denticules.
Composite denticulaire.
Romain double modillonnaire.

4°. SIXIÈME.

Toscan.
Toscan à mutules.
Dorique mutulaire.
Dorien modillonnaire.
Ionien modillonnaire.
Composite double modillonnre.

5°. SEPTIÈME.

Dorique à trigliphes.
Ionien denticulaire.
Corinthien modillonnaire.
Toscan.
Toscan mutulaire.
Ionien modillonnaire.
Romain double modillonnaire.

6°. HUITIÈME.

Dorique simple.
Ionien à denticules.
Corinthien modillonnaire.
Toscan.
Dorique mutulaire.
Ionien modillonnaire.
Romain double modillonnaire.
Dorique à denticules seulement.

(Il est monté d'un ton plus haut, ayant les denticules de l'ionique.)

7°. DOUZIÈME.

Dorique à trigliphes.
Dorien à trigliphes et denticules.
Ionien denticulaire.
Composite à denticules.
Corinthien à modillons.
Toscan.
Toscan mutulaire.
Dorique mutulaire et à trigles.
Dorien à modillons.
Ionien modillonnaire.
Composite double modillonnre.
Romain à doubles modillons.

Le tableau-écriture ci-après doit être considéré comme le générateur des autres tableaux faisant le sujet de cette Etude.

EXERCICE SUR UNE VINGT-CINQUIÈME.

SEPTIÈME OU DIATONIQUE.

1. Dorique simple.
2. Dorique denticulaire.
3. Corinthien (1).
4. Toscan.
5. Dorique mutulaire.
6. Ionique modillonnaire.
7. Romain double modillonnaire.

DIX SEPTIÈME.

1. Dorien simple.
2. Dorique à trigliphes et dentles.
3. Ionien denticulaire.
4. Composite à denticules, suivant Vignole.
5. Corinthien modillonnaire et denticulaire.
6. Toscan.
7. Toscan mutulaire.
8. Dorique à mutules et trigles.
9. Dorique modillonnaire.
10. Ionien modillonnaire et denticulaire.
11. Composite double modillonre.
12. Romain double modillonnaire et denticulaire (2).
13. Dorique denticulaire.
14. Ionien à denticles avec trigles.
15. Corinthien à denticules.
16. Toscan à modillons.
17. Grand dorien toscan (3).

Le dorique mutulaire renvoie les mutules au grand ionien et termine la 25e.

Le 26e serait le romain modillonnaire, ou romain grand ionien, et enfin en fusionnant les doubles modillons du romain dans l'entablement toscan, on aura un toscan double modillonnaire (27e.)

---

(1) L'entablement a seulement des modillons et le double larmier est nu, comme au Panthéon romain.

(2) Les denticules de ce dernier passent au dorien de la diatonique ; il en est ainsi des autres caractéristiques.

(3) La dix-septième de ce tableau est la variante du tableau page 48, Etude 3e. Celle-ci est dans toute sa pureté.

EXERCICE.

Après l'échelle chromatique dénommée dans l'Etude troisième qui se termine par le romain double modillonnaire, les doubles modillons de cet ordre passent dans l'entablement corinthien, et en font un corinthien double modillonnaire 13

Les modillons du corinthien passant au composite denticulaire, créent un composite modillonnaire . . . 14

Suivent : un ionien double denticulaire, c'est-à-dire que les denticules retiennent l'expression de celles composites qui sont d'une proportion plus forte, ayant un tiers en sus de leur largeur en hauteur ; celles de l'ionique moins accentuées, sont d'une proportion séquilastère, c'est-à-dire ayant une fois et demie de leur largeur en hauteur, et par conséquent, plus sveltes et moins accentuées, n'ayant dans leurs intervalles qu'un simple filet, au lieu que les autres ont un arceau à chaque intervalle qui leur donne plus d'accentuation, ci. 15

Ensuite un dorique denticulaire ; les denticules de l'ionique passant au dorique à trigliphes et denticules, c'est-à-dire que l'entablement ionien, avec quelques modifications, passe sur la colonne de cet ordre, ci.. 16

Et enfin l'entablement du dorique à trigliphes et denticules, passe de même au dorique simple, et en fait un dorien à denticules 17

QUINZIÈME.

- Corinthien modillonnaire du Panthéon de Rome.
- Composite à modillons corinthiens denticulaires.
- Ionien denticulaire.
- Dorien denticulaire.
- Dorien simplement à trigliphes.
- Toscan à plates-bandes modillonnaires.
- Toscan modillonnre, d'après Vitruve.
- Toscan denticulaire.
- Toscan simple, suivant Vignole.
- Toscan à plates-bandes mutulaires.
- Dorien à trigliphes mutulaires.
- Dorien modillonnaire.
- Ionien modillonnaire et denticulaire.
- Composite double modillonnaire et denticulaire.
- Romain double modillonnaire.

EXERCICE.

Une quinzième peut encore se concevoir ainsi :

1°. Dorique à trigliphes.
2°. Dorique à trigliphes denticules.
3°. Ionien denticulaire.
4°. Composite denticulaire.
5°. Corinthien modillonnaire.
6°. Toscan.
7°. Toscan mutulaire.
8°. Dorique à mutules et trigliphes.
9°. Dorien à modillons ioniens.
10°. Ionien modillonnaire.
11°. Composite modillonnaire.
12°. Romain double modillonnaire.

13°. Dorique double modillonnaire (les doubles modillons permutant sur ce dorique), et ainsi de suite.
14°. Ionien à trigliphes.
15°. Corinthien à denticules.

Dans l'Etude troisième de ce livre, nous avons vu la dix-neuvième, composée de sept ordres primitifs et des deux mixtes cariatique et persique, formant neuf ordres, plus de dix autres composés par la permutation.

La dix-neuvième proprement dite peut encore avoir pour motif de composition le diamètre du cercle, représenté par les sept ordres, premiers caractères, et sa circonférence, je la suppose circonscrite par les douze chromatiques que nous avons vus composés dans leur ensemble desdits sept ordres premiers ou intervallaires et de cinq secondaires ou intervalaires qui rayonneraient concentriquement, en se reflétant leurs harmonies mutuellement (caractéristiques et moulures), avec mesure, mélodie et proportion.

J'ai dessiné un tableau de la diatonique, dont la réunion forme les sept types premiers; un autre pour la chromatique réunissant les douze ordres; ensuite deux tableaux, dont le parallélisme complète la chromatique, et où figurent le composite denticulaire et le double modillonnaire; de cette chromatique j'ai fait une quatorzième, en ajoutant, dans un des deux tableaux deux ordres de plus, savoir: le toscan à plates-bandes ou trigliphes nus, indiquant la présence des pièces de force dans la construction de l'édifice, et le toscan à mutules et trigliphes nus.

EXERCICE.

VARIANTE DE LA DIX-SEPTIÈME DU DEUXIÈME TABLEAU.

Après la chromatique que nous supposons terminée par le romain, ou si l'on veut le corinthien double modillonnaire et denticulaire, cet ordre transmet les denticules au toscan sur lequel il continue la révolution au lieu de la faire sur le premier dorique mineur, c'est-à-dire sur le dorien à trigliphes seulement; la denticule va se greffer sur le toscan, comme on greffe, s'il est permis de s'exprimer ainsi, un bon fruit sur un sauvageon, et ainsi on obtient :

Un toscan denticulaire.................. 13

Ensuite l'entablement toscan permute sur la colonne du dorique mutulaire, d'où naît un dorique toscan.................................. 14

Les mutules du grand dorique permutent dans l'entablement grand ionien, et donnent naissance :

A un ionien mutulaire................... 15

Le grand ionien transmet ses modillons au romain, d'où vient :

Un romain ionien ou à modillons nus et galbés appartenant à cet ordre....................... 16

Ainsi les denticules du romain que nous avons montré double modillonnaire et denticulaire, ayant fusionné ses denticules dans l'entablement toscan; le toscan dénudé et rendu à sa primitive nature vient à la suite pour clore la dix-septième, ci......... 17

Les exercices qui précèdent ayant pour motif la fusion

des ordres entr'eux, par leur répétition, amèneront à des perfectionnements de composites premiers, secondaires et tertiaires, parce que ces composites ressortiront d'une marche rationnelle, d'un mécanisme pour ainsi dire instrumental, ayant toujours pour base et pour fondement la raison géométrique et celle de goût et de principe.

Les tableaux qui suivent malgré des répétitions inévitables afin d'amener dans le cours de la marche, quelques nouveautés qu'on n'a pas découvertes ou auxquelles on n'aurait pas pensé sans ces exercices, paraîtront encore nouveaux à quelques esprits amateurs de l'architecture, considérée comme science et comme art.

EXERCICE.

VINGT-DEUXIÈME DES ORDRES.

Cette vingt-deuxième sera encore motivée sur le rapport du diamètre à la circonférence.

Le rapport d'après Archimède étant de 7 à 22, j'ai considéré les sept premiers ordres comme placés sur la ligne du diamètre du cercle, d'où dérivent les douze ordres chromatiques qui ensemble représentent la circonférence avec les neuf qui vont suivre :

Nous comptons donc douze ordres, ci 12

Les neuf autres se composent :

Du dorique denticulaire 13
De l'ionien surmonté d'un entablement à trigliphes. 14
Du corinthien denticulaire 15
Du toscan modillonnaire 16
Du dorique toscan 17

De l'ionien mutulaire.................... 18

Du romain modillonnaire.................. 19

Le romain retournant ses doubles modillons sur le premier dorique simple, que je suppose sans trigliphes, produit un dorique double modillonnaire.... 20

Le dorique à denticules vient à la suite........ 21

Et enfin l'ionien à modillons corinthiens........ 22

Dans toutes ces révolutions les ordres changeront d'expression, si l'on veut s'en donner le plaisir, car comme dit Jean-Jacques Rousseau, l'artiste dans l'exécution d'un morceau attaque plus fortement une note, puis glisse légèrement sur une autre ; c'est là ce qui appartient au génie créateur et non pas à l'esprit de routine.

EXERCICE.

VARIANTE SUR LA VINGT-DEUXIÈME QUI PRÉCÈDE.

Après la dix-septième puissance du premier tableau qui a parcouru le cercle chromatique et les cinq ordres mineurs, en commençant par le corinthien et finissant par le dorique à trigliphes et denticules, on continue la révolution permutante en commençant intrà du romain par ce romain double modillonnaire et denticulaire, dont l'entablement permute sur le composite double modillonnaire, et produit :

Un composite double modillonnaire et denticulaire. 18

Le composite permute son entablement double modillonnaire sur la colonne ionienne et produit un grand ionien double modillonnaire............. 19

Le grand ionien transmet son entablement modillonnaire et denticulaire au grand dorique modillonnaire et en fait un dorique à modillons et denticules. 20

Le grand dorien modillonnaire transmet son entablement au dorique mutulaire à trigliphes et produit un dorique modillonnaire................ 21

Le grand dorique mutulaire et à trigliphes transmet son entablement au toscan mutulaire et en fait : un toscan mutulaire ou à trigliphes seulement, ou à mutules et trigliphes nus, nommés plates-bandes, pour les mettre en rapport avec la simplicité native de l'ordre, ci.......................... 22

Ici se termine la circonvallation de la vingt-deuxième, car le toscan mutulaire cédant son entablement au toscan, reproduirait le toscan mutulaire, que nous avons vu dans la chromatique.

EXERCICE.

DEUXIÈME VARIANTE, QUI FERA PARALLÈLE AVEC CELLE CI-DESSUS.

Après la chromatique, les denticules de l'ordre romain, passent au dorique simple, premier de l'échelle et en forment un dorique denticulaire (les denticules doivent être plus prononcées que celles de l'ionique. 13

Ensuite la série continue par :

L'ionique à trigliphes..................... 14

Le corinthien denticulaire.................. 15

Le toscan à modillons nus.................. 16

Un dorique toscan, c'est-à-dire que l'entablement toscan est passé sur la colonne dorienne......... 17

Un ionien mutulaire.................... 18

Un romain ionien, c'est-à-dire qu'un entablement modillonnaire à modillons nus couronne le romain........................... 19

L'ordre romain retourne ses modillons au corinthien et forme un corinthien à doubles modillons... 20

Le corinthien, ses modillons, au petit ionien ou ionien mineur, d'où dérive un petit ionique à modillons corinthiens......................... 21

Et pour terminer ce tableau, le petit ionien retourne ses denticules au dorien mineur simple, afin de produire un dorien mineur ionien, ci........... 22

EXERCICE

SUR UNE 13e ARCHITECTURALE.

Corinthien modillonnaire...........	10diam.
Composite à denticules.	10diam.
Ionien denticulaire...	9 diam.
Dorien à triglyphes et denticules...	8d 1/4.
Dorique simple à trigles seulemt.	8diam.
Toscan modillonnaire......	7d 1/4.
Toscan simple..... mixte.	7diam
Toscan mutulaire........	7d 1/4.
Dorien à triglyphes et mutules..	8diam.
Dorien à modillons..........	8d 1/4.
Ionique modillonnaire.........	9diam.
Composite double modillonnaire......	10diam.
Romain double modillonnaire.......	10diam.

Pour obtenir l'échelle ci-dessus, voici comme j'ai disposé d'abord la génératrice :

1. Dorique simple à trigliphes seulement.
2. Dorique à denticules et trigliphes.
3. Ionique à denticules.
4. Composite à denticules.
5. Corinthien modillonnaire.

6. Toscan modillonnaire.
7. Toscan simple.
8. Toscan mutulaire.
9. Dorique à trigliphes et mutules.
10. Dorique modillonnaire.
11. Ionique modillonnaire.
12. Composite double modillonnaire.
13. Romain double modillonnaire.

Dans la première partie de l'échelle, le corinthien n° 5, a donné ses modillons au toscan simple et en a fait un toscan à modillons nus, 6e ordre ; maintenant j'ai fait pivoter cette première partie de l'échelle en commençant par le corinthien, qui est devenu le premier en tête de l'échelle, suivi des quatre autres ; c'est ce qui m'a donné l'échelle que l'on voit à la treizième ; ainsi six de ces ordres d'un côté, six de l'autre, avec le toscan simple au milieu, forment une échelle progressive double, progressant du centre aux extrémités.

EXERCICE SUR LA QUATORZIÈME.

Cette quatorzième se divise en deux échelles, dont on peut faire un seul tableau-dessin, ou deux ; nous les mettrons en parallèle, savoir :

PREMIÈRE SEPTIÈME DES ORDRES MINEURS.

Corinthien modillonnaire.................. 1
Composite à denticules.................. 2
Ionien denticulaire.................. 3
Dorien à trigliphes et denticules.............. 4
Dorien à trigliphes.................. 5
Toscan à plates-bandes et modillons.......... 6
Toscan à modillons suivant Vitruve (ordre qu'il a imaginé d'après les Étrusques et dont quelques ruines de cet ordre existaient dans la Rome antique)..... 7

DEUXIÈME SEPTIÈME DES ORDRES MAJEURS.

Toscan de Vignole.................. 8
Toscan mutulaire.................. 9
Dorique mutulaire.................. 10
Dorien modillonnaire.................. 11
Ionien modillonnaire.................. 12
Composite double modillonnaire.............. 13
Romain double modillonnaire.............. 14

VINGT-UNIÈME.

Il y a trois caractères dans chacun des ordres générateurs, et comme il y en a sept reconnus, il y en a donc vingt et un, tant simples que composés, que nous allons classer pour la composition des élévations.

Chaque caractère étant triple, un des trois est le vrai, le moyen ; celui au-dessus doit pécher par excès, celui au-dessous par défaut *(in medio virtus)*.

Dorique nu, clé d'ouverture.

Ordre	N°	
Dorique à denticules	1	3
Dorique à trigliphes	2	
Dorique à trigliphes et denticules	3	
Ionique simple ou ornemanisé	4	3
Ionique denticulaire	5	
Composite denticulaire	6	
Corinthien à denticules	7	3
Corinthien à modillons	8	
Corinthien modillonnaire et denticulaire	9	
Toscan modillonnaire	10	3
Toscan simple	11	
Toscan mutulaire	12	
Grand dorien modillonnaire	13	3
Dorien majeur à mutules et trigliphes	14	
Dorien majeur à modillons et trigliphes. (Ce dorien serait le dorique à trigliphes et modillons de la loge du château d'Écouen, par Jean Bullant. Voyez l'ouvrage de Baltard, tome 2, pl. 4.)	15	
Grand ionien à mutules	16	3
Ionien majeur à modillons	17	
Composite majeur double modillonnaire	18	
Romain à modillons ioniens	19	3
Romain double modillonnaire	20	
Romain à doubles modillons et denticules	21	

Dorien à denticules, clé de fermeture.

21 ordres, et même 22 avec les deux clés de ferme-

ture et d'ouverture, qui comptent pour une puissance, étant considérées comme mixtes (ou comme deux mi-parties pour une entière).

Les sept groupes ternaires ou tertiaires de ce tableau forment sept motifs de composition pour élévations de façades ou pour la composition générale d'édifices tant intérieurement qu'extérieurement.

EXERCICE.

Pour la composition des façades, les ordres prendront les différentes places qui leur sont données ci-après :

Le dorique nu en bas et le dorien à denticules au-dessus.

Le dorique à trigliphes seulement et le dorien à trigliphes et denticules au-dessus.

Ils s'élèveront donc aussi par trois :

Le dorien à denticules, l'ionien simple sans denticules au-dessus, et le composite en contre-haut.

Le corinthien à denticules, le corinthien modillonnaire et le corinthien modillonnaire et denticulaire en contre-haut.

Le toscan simple en bas, le toscan modillonnaire au-dessus et le toscan à mutules en haut.

Le dorien majeur, à trigliphes et mutules, en bas, le dorique à trigliphes au-dessus, et le dorique modillonnaire en haut.

L'ionien majeur, à mutules, en bas ; l'ionien majeur à modillons au-dessus, et le composite double modillonnaire en haut.

Le romain double modillonnaire en bas, le romain à modillons ioniens au-dessus, et le romain double modillonnaire et denticulaire en contre-haut.

(Les denticules de ce dernier passant au dorique nu, le premier ordre à la tête de ces combinaisons de dualité et tertiaires, cet ordre étant considéré comme clé d'ouverture, les denticules du romain double modillonnaire fusionnant alors dans l'entablement nu de ce premier dorien, forment le second dorien à denticules comme clé de fermeture).

ARCHITECTURE POLYCHROME.

D'après les indications que nous avons données relativement aux couleurs appliquées à l'architecture des ordres, dont on retrouve les applications aux monuments antiques, j'ai composé un tableau qui donne un aperçu de ce que pourrait devenir chez nous l'architecture polychrome en raison de la richesse des couleurs que nous avons actuellement sur notre palette française.

J'ai composé également un tableau qui représente une nouvelle gamme ou échelle motivée sur la production des six couleurs mères, qui sont :

VERT, BLEU, VIOLET, ROUGE, ORANGÉ, JAUNE.

Le violet est engendré par le bleu et le rouge ; l'orangé par le rouge et le jaune ; et le vert par le jaune et le bleu.

Le vert c'est l'ordre mi-partie corinthien, mi-partie dorique, tel qu'on le voit exécuté dans la salle des Antiques, au Louvre, par Pierre Lescot.

Le bleu, le dorique, à trigliphes ornemanisés par Jean Bullant, célèbre architecte français.

Le rouge, l'ionien denticulaire.

L'orangé, le composite denticulaire.

Le jaune marquant la richesse, le corinthien modillonnaire et denticulaire, représentant de cette richesse, lui est attribué.

Les denticules du corinthien passant au premier dorique en tête de l'échelle, en le sous-entendant nu, forment un dorique denticulaire corinthien, comme le jaune se mêlant au bleu, forme le vert.

Nous savons qu'il n'y a que trois couleurs primitives, le jaune, le rouge et le bleu; que le mélange de ces trois couleurs forme l'orangé, le vert et le violet : c'est sur ce motif que j'ai composé ce tableau.

Toutes les vérités, a dit un auteur, s'enchaînent, nous n'en acquérons la science qu'en les comparant les unes aux autres.

Il y a donc en résumé trois couleurs premières, le bleu, le rouge et le jaune, comme il y a trois ordres intervallaires; trois couleurs intercalaires, l'orangé, le vert et le violet, en tout six; avec ces couleurs on obtient toutes les autres couleurs et nuances dont le nombre, dit un savant, monte à huit cents. Cette multitude de couleurs et de nuances engendreront, par l'analogie et le classement, une grande variété de gammes architectoniques que le génie de l'architecture, suivant la convenance, pourra appliquer à telle nature de marbre naturel ou artificiel.

Prony, en essayant au sonomètre des instruments accordés par les plus fameux artistes en ce genre, a trouvé ce résultat très-simple, que les douze demi-tons de l'instrument étaient également espacés, en sorte qu'ils étaient tous égaux. Dans cette disposition on conçoit que la cinquième note est toujours la tierce de celle qu'on nomme la première, la huitième en est la quinte, et de même que tous les autres tons, à raison de deux notes pour un ton.

On peut envisager l'architecture comme ayant trois genres qui sont : les genres diatonique, chromatique et enharmonique ; le premier qui procède par des moitiés, le second par des tiers et le troisième par des quarts de caractères.

Ainsi l'architecture enharmonique procèderait par des nuances de caractères, et pour en donner une citation, c'est celle des maisons de la Chaussée-d'Antin, la nouvelle Athènes, dans Paris ; comme je pourrais citer d'autres exemples dans les nouvelles constructions.

Les genres diatonique et chromatique ont été assez détaillés dans cet ouvrage.

Les répétitions de cette Etude paraîtront sans doute trop abondantes, mais cependant elles amènent à des perfectionnements, à des créations d'échelles inconnues jusqu'ici : c'est ainsi que les musiciens compositeurs procèdent pour trouver des motifs de compositions : pourquoi l'architecte compositeur n'aurait-il pas les mêmes ressources à son service pour renouveler son imagination ?

Je terminerai cette Etude par la production d'une nouvelle échelle ou du moins d'une gamme renouvelée sur la classification de Vignole et proportionnée d'après la méditation des ouvrages de Perrault, Cordemoy et Charles Normand.

Cette échelle est divisée en deux branches progressives, démontrant la dualité des cinq caractères.

J'ai construit une échelle où le composite, étant le quatrième, est remis dans sa position normale, au lieu de le placer à la suite du corinthien, comme c'est de mise dans les Vignoles. Cette échelle produit un ensemble harmonieux.

Le toscan à la tête de l'échelle, par la division de sa hauteur en vingt grandes parties, fixe le module à 30 minutes, faisant le demi-diamètre de la colonne.

Au dernier degré de l'échelle est le corinthien dont la hauteur est également de 20 grandes parties, de 45 minutes chacune, moitié en sus du module. D'après ce principe la hauteur totale du corinthien sera divisée en 45 grandes parties de 20 minutes chacune au lieu de 46 comme l'a pratiqué Charles Normand dans son Vignole des ouvriers. La division en 45 sur une hauteur donnée pour l'ordre entier, est plus facile à déterminer que celle de 46, qui n'a de diviseur que la 1/2, au lieu que la division en 45 peut être partagée en 3, d'abord pour 15, et 15 en 3 pour cinq. Le piédestal, dont on retranche 20 minutes sur la hauteur de celle fixée par Normand, sans nuire à la grâce du piédestal, donne plus de valeur à l'entablement corinthien, en ce qu'il le fait paraître plus élevé et que les caractéristiques ont plus de montre.

Dans un tableau que j'ai composé, à partir du toscan, les ordres entiers augmentent de 100 minutes progressivement; les colonnes de 60 minutes; les piédestaux de 25 et les entablements de 15.

Ces entablements se divisent, par ma méthode comme par celle de Normand, en 20 moyennes parties pour la répartition des membres et moulures; les piédestaux en grandes et moyennes ainsi qu'il est figuré dans un tableau que j'ai composé.

Voici le tableau-chiffre résumant l'explication ci-dessus.

NOMENCLATURE des ORDRES.	NOMBRE DES GRANDES PARTIES ET MINUTES des colonnes.		entablem.		piédestaux.		HAUTEURS TOTALES des grandes parties, et nombre de minutes.		
	Min.	Gr. p.	Min.	Gr. p	Min.	Gr. p.	Min.	Gr. p.	Min.
Toscan . . .	420	14	90	3	90	3	600	20	30
Dorique. . .	480	13 5/7 ou 25 m	105	3	115	3 2/7 ou 10 m.	700	20	35
Ionien.	540	13 1/2	120	3	140	3 1/2	800	20	40
Composite. .	600	13 1/3	135	3	165	3 2/3	900	20	45
Corinthien. .	600	13 1/3	135	3	165	3 2/3	900	20	45

Il est à faire remarquer dans le tableau-chiffre ci-dessus, ainsi que dans le tableau-dessin composé par moi, que l'ordre toscan, comme le représentant de la force, a son piédestal cubique, prenant trois grandes parties sur la division en vingt, ainsi que l'entablement, proportions égales, mais qui donne au couronnement un aspect plus grandiose, en le rapprochant du quart, comme dans Vignole, outre que le piédestal conserve un caractère mâle qui convient à un ordre, dont la signification, dans sa simplicité, a la marque de la force et de la grandeur, dont le soubassement doit représenter la solidité de la pierre angulaire de tous les édifices.

Je me suis appliqué à rendre cette neuvième Etude

aussi utile que je l'ai désiré ; si j'ai eu le bonheur de réussir, ce n'est pas sans y avoir apporté beaucoup de bonne volonté, de persévérance et de méditation, afin de l'amener à toute la perfection dont je fusse capable.

Malgré la prolixité des termes techniques dont on peut me taxer, j'ai été incité, par l'amour que je porte au bel art de l'architecture, à donner une dixième Etude ; où les ordres subiront un nouvel examen avec des retours rétrospectifs sur leurs caractères et leurs appellations.

ÉTUDE DIXIÈME,

Conduisant à l'art de l'Architectonographie.

SUR LA COMPOSITION DES FAÇADES ET ORDONNANCES.

Lors du jugement des grands prix d'architecture, l'on se demande pourquoi le jury artistique se compose pour juger les concurrents, outre les architectes, de peintres, de sculpteurs, de graveurs et de musiciens. La réponse toute naturelle à cette question est celle que tous les arts ont des analogies entre eux ; que si les Muses sont sœurs d'Apollon, les Grâces viennent à leur suite, ainsi que leurs compagnes ou amies : l'architecture, la peinture, la sculpture, la gravure, la musique et la mythologie.

L'architecture, comme plusieurs auteurs l'ont prouvé, entre autres Vitruve, Palladio et Scamozzi, a une analogie avec la musique par les nombres, les rythmes, les mesures et les proportions. Ce sont ses premiers éléments qui m'ont guidé, en suivant la méthode de Castel, célèbre géomètre de son temps, dans la composition de mes tableaux. J'ai donc composé architectoniquement la diatonique et la chromatique des ordres. L'ensemble des douze types chromatiques a été divisé par moi en sept types majeurs et en cinq mineurs, et ensuite j'en ai déduit la tierce, la quarte, la quinte et la sixte architecturales. Je les présente comme de nouveaux claviers qui serviront de diapasons à la composition des façades.

La tierce se compose du dorique simple qui donne le ton, du corinthien et du dorique mutulaire.

La quarte, du dorique simple, de l'ionique denticulaire, du corinthien et du toscan.

La quinte, du dorique simple, de l'ionique modillonnaire, du corinthien, du toscan et du dorique mutulaire.

La sixte, du dorique simple, de l'ionique denticulaire, du corinthien, du toscan, du dorique mutulaire et de l'ionien modillonnaire.

Voilà l'arrangement de la classification. Maintenant voici celui pour la composition progressive des façades, proportion gardée entre le caractère et la contexture de ces ordres.

1re *composition d'une façade en tierce.*

Le dorique simple sur le sol ou rez-de-chaussée, au-dessus le dorique mutulaire et le corinthien faisant couronnement.

2me *composition en quarte.*

Le toscan, le dorique simple, l'ionique denticulaire et le corinthien.

3me *composition en quinte.*

Le toscan, le dorique mutulaire, le dorique simple, l'ionique denticulaire et le corinthien.

4me *composition en sixte.*

Le toscan, le dorique mutulaire, l'ionien modillonnaire, le dorique simple, l'ionien denticulaire et le corinthien.

Dans un médaillon, j'ai réuni quatre ordres qui sont comme les quatre unités de l'harmonie architecturale; ils représentent la tierce, la quarte, la quinte et la sixte. Ce tableau donnera le motif d'une cinquième composition.

Dans un autre modillon est la représentation du ton figuré par le dorique simple, de la quinte par le dorique mutulaire et de la tierce au milieu par le corinthien, autre motif de composition étagée.

Pour l'élévation de ces ordres, dont les diamètres doivent diminuer proportionnellement en les montant les uns au-dessus des autres, j'ai établi une progression de grosseurs de diamètre, en raison inverse de la quantité de diamètres attribuée à la hauteur de chaque type, en les proportionnant sous une même ligne horizontale.

1re *composition des ordres mineurs.*

Le dorique simple, le dorique à trigliphes et denticules, l'ionique denticulaire, le composite denticulaire et le corinthien. En retournant le corinthien sur le dorique simple, par la fusion des caractéristiques du corinthien dans l'entablement dorique mineur, on aura un petit dorique modillonnaire, ordre qui formera avec les cinq autres la sixte mineure.

2me *composition des ordres majeurs.*

L'accord parfait majeur se compose du toscan simple, du toscan mutulaire, du dorique à trigliphes et mutules, du dorique modillonnaire et du romain double modillonnaire. En retournant, comme par l'opération précédente, le romain double modillonnaire sur le toscan simple, on aura un toscan double modillonnaire, et ce complément d'ordre formera avec les sept précédents une octave majeure.

L'ensemble des sept ordres majeurs et des cinq mineurs peut être approprié dans une même façade comme celle d'une cathédrale, notamment celle de Clermont-Ferrand, qui est restée jusqu'à présent imparfaite, et qu'il s'agit de reconstruire entièrement. C'est sans doute une œuvre difficile, mais que le génie de l'art et de la science de la construction doivent amener à bonne fin. Ces deux séries réunies sont encore un clavier sur lequel on obtiendra une belle harmonie.

Pourquoi, d'après ce motif, n'érigerait-on pas une façade sous la dédicace des douze apôtres qui sont les colonnes de la religion, que la sculpture célébrerait par la représentation de leurs statues, et l'architecture par les douze principaux types de l'architecture.

Le portail de St-Sulpice, à Paris, a l'expression de la quarte par son soubassement toscan; l'expression de la quinte par son péristyle qui est dorique mutulaire; l'expression de la sixte par l'ionien modillonnaire qui décore la galerie au-dessus, l'expression de la tierce par le corinthien modillonnaire de la tour à gauche, et l'expression de la septième par le corinthien double modillonnaire qui couronne cette tour.

Le portail de St-Gervais a l'expression de la quinte par le dorique mutulaire de son porche; l'expression de la deuxième par l'ionien denticulaire au-dessus et l'expression de la tierce par le corinthien modillonnaire qui surmonte l'ionique, et qui forme avec le fronton le couronnement de l'œuvre.

L'octave se composera des sept ordres premiers, plus, du dorique à trigliphes et denticules, qui est monté d'un ton plus haut par l'expression des denticules couronnant les trigliphes.

Dans l'échelle de sept ordres premiers, le dorique simple se nommera *première*, l'ionien denticulaire, *deuxième;* les autres échelles sont nommées.

On peut, par l'abstraction ou la modification, obtenir dans chacun de ces types onze économies d'ordres qui, avec les douze premiers générateurs, forment 144 ordres possibles, ainsi que je l'ai prouvé dans une Etude.

La belle architecture grecque, en suivant le parallélisme des ordres qui lui sont identiques dans l'architecture romaine (voir mes classifications), brillera de tout son éclat dans la composition des façades, d'après les rudiments indiqués ci-dessus; il n'est pas indispensable de répéter ici leur nomenclature et leur arrangement dont on a dû se pénétrer en lisant mes Etudes.

J'ai dessiné deux petits médaillons de tableau, représentant, l'un les trois Grâces grecques métamorphosées en trois principaux ordres, dorien, ionien et corinthien, et un autre médaillon en parallèle qui représente les trois Grâces romaines transformées de même.

Ces deux médaillons m'ont amené spontanément à en déduire et à trouver la tierce mineure et celle majeure des deux architectures, que j'ai réunies en deux zones dans un même tableau. La zone inférieure représente, d'un côté, les trois ordres mineurs de l'architecture romaine, qui sont : le dorique simple, l'ionique denticulaire et le corinthien modillonnaire, montant progressivement de gauche à droite, et de l'autre côté, le dorique mutulaire, l'ionique modillonnaire et le romain double modillonnaire montant de même de droite à gauche; voilà pour l'architecture romaine.

Pour l'architecture grecque j'ai placé dans la zone supérieure du tableau, le dorique simple, l'ionique à denticules et le corinthien denticulaire, d'un côté, et de l'autre, le dorique mutulaire, l'ionique modillonnaire ou à denticules très-accentuées, ou à peu près carrées, et le corinthien double modillonnaire. Ce tableau réunit quatre motifs d'élévation, c'est-à-dire deux tierces mineures et deux tierces majeures.

Les ordres grecs doivent être de préférence appliqués aux élévations intérieures et les ordres romains à celles extérieures, ces derniers ayant des formes et caractéristiques plus prononcés, et ceux-là plus de délicatesse et de finesse dans toute leur structure.

Maintenant donnez à tous ces ordres le style français, et vous aurez encore quatre nouvelles tierces françaises ou de Renaissance.

La classification de ces ordres se poursuit ainsi :

Dorique ionien qui donne le ton à toute l'échelle par les denticules........................ n° 1.

Ionique dorien, sa frise est ornée de trigliphes, l'ionien ayant cédé ses denticules au dorique mineur, premier de l'échelle et donnant le ton, ci.. 2.

Corinthien composite ; les denticules du composite qui est ici sous-entendu, ayant passé dans l'entablement corinthien, abstraction faite de ses modillons, ci........................ 3.

Toscan composite ; les denticules du corinthien composite, qui sont plus accentuées que celles de l'ionique venant se fondre dans l'entablement toscan, ci . . . . n° 4.

Ensuite, toscan mutulaire et denticulaire, ci . . 5.

Dorique à trigliphes et denticules, ci . . . . 6.

Dorique modillonnaire et denticulaire, ci . . . . . 7.

Ionique modillonnaire et denticulaire, ci . . . . 8.

Corinthien modillonnaire et denticulaire, ci . . . 9.

Romain double modillonnaire et denticulaire, ci. 10.

Nota. La neuvième, dont nous avons parlé dans l'Etude 3e, peut encore s'interpréter ainsi, en réunissant aux sept ordres générateurs deux ordres majeurs, par exemple :

Dorique simple 1
Ionique denticulaire 2
Corinthien 3
Toscan 4
Dorique mutulaire 5
Ionien modillonnaire 6
Romain double modillonnaire 7

L'entablement simplifié de ce septième se superposant à la colonne du toscan, forme un toscan double modillonnaire 8

Et l'entablement toscan se superposant à la colonne du grand dorique, ou agissant sur la quinte, produit un grand dorique à entablement toscan. 9

Le corinthien, n° 9, prend pour sa colonne 10 diamètres en hauteur, et le romain 10 diamètres 1/4, à cause de la réunion des doubles modillons et des denticules qui, par leur expression, relèvent l'ordre au premier grandiose de composite; c'est le *nec plus ultrà* de l'architecture (voir la gravure).

D'après l'énoncé de cette dernière Etude, je puis avancer que l'architecture et la musique sont liées harmonieusement par une union sororale ; que l'architecture grecque et romaine ont déjà reflété et refléteront une belle auréole de renaissance dans le style français, dont le cachet national est soutenu par l'esprit de perfectionnement inné en nous, esprit qui a amené à sa suite les qualités de solidité, de finesse, de goût, de gaîté et de légèreté dans l'exécution des ouvrages répandus, notamment dans la capitale de la France, formant à elle seule une triple ville, parce qu'elle renferme toutes les beautés réunies d'Athènes et de Rome, et les premiers éléments de la Renaissance.

Je puis aussi ajouter, en terminant, à ce que j'ai annoncé dans une Etude, que la cabane est le modèle sur lequel se sont formées toutes les magnificences de l'architecture grandiose, et les anciens qui n'étaient pas des sots, l'avaient si bien compris, qu'ils ont imaginé cette belle fable de Philémon et Baucis, dont la cabane est changée en temple par l'ordre de Jupiter olympien, et par suite la métamorphose de ces deux vieillards en chêne et tilleul, comme indication de la construction primitive en bois. (Voyez le bon La Fontaine.) Dans la Bible l'arche de Noé est le prototype de la construction du temple de Salomon, qui a donné naissance à la franc-maçonnerie.

Voilà tout ce que je me bornerai à exprimer sur l'analogie de l'architecture avec la musique, analogie que nos grands maîtres avaient reconnue de tous temps dans leurs ouvrages, ainsi que les poètes de l'antiquité dans leurs fictions, telles que celles d'Apollon et d'Amphion, construisant ou reconstruisant les murs de Troie et de Thèbes au son de la lyre.

Si mes moyens me l'eussent permis, j'aurais été à Rome, dans la ville aux sept collines; ma première visite aurait été à la maison de plaisance construite par Pirro Ligorio, célèbre architecte, auteur de manuscrits immortels. Cette maison qui se trouve reproduite dans l'ouvrage sur les maisons de Rome, par Percier et Fontaine, est un chef-d'œuvre de génie. (Les chefs-d'œuvres en tout genre sont les compositions où tout est si nécessairement lié, et en même temps d'un tel choix, qu'on ne peut ajouter ni retrancher.) Soit en plan, coupe et élévation, le tout ensemble de cette maison est une vraie résurrection de l'art antique, et une véritable poésie de l'architecture, digne, en un mot, d'être transportée par l'imagination dans les Champs-Elyséens, et là d'être consacrée à l'habitation d'Homère et de Virgile.

COMPOSITION DE LA LYRE,

DES SONS ET DES COULEURS HARMONIÉS,

DONT LE PARALLÉLISME EST LE FONDEMENT DE LA LYRE ARCHITECTONIQUE.

Dans la lyre harmoniée des tons et des couleurs :

1°. Il y a un son fondamental et primitif nommé *ut*, et il y a une couleur tonique originale et primitive qui sert de base et de fondement à toutes les couleurs, c'est le bleu.

2°. Il y a trois cordes ou sons essentiels qui dépendent de ce ton primitif *ut*, et qui composent avec lui l'accord parfait, primitif et original qui est *ut*, *mi*, *sol;* il y a de même trois couleurs originales dépendantes du bleu. Ces trois sont : bleu, jaune et rouge.

Le bleu est ici la note du ton, le rouge la quinte, le jaune est la tierce.

Dans cette lyre projetée il y a donc les tierces, les quartes, les quintes, les sixtes et les septièmes.

3°. Il y a cinq cordes toniques *ut*, *re*, *mi*, *sol*, *la*, et deux semi-toniques qui sont *fa* et *si*. Cinq couleurs toniques, bleu, vert, jaune, rouge, violet, et deux semi-toniques, l'aurore et le violant.

4°. Des cinq tons entiers et des deux semi-tons, naît l'échelle qu'on appelle diatonique *ut*, *ré*, *mi*, *fa*, *sol*, *la*, *si;* sept couleurs graduées dans le même rapport, bleu, vert, jaune, aurore, rouge, violet et violant.

5°. Les tons entiers se partagent en demi-tons, et les cinq tons entiers de l'échelle ou gamme, y compris les deux demi-tons naturels, font douze demi-tons ; savoir : l'*ut naturel*, l'*ut dièze ;* le *re*, le *re dièze ;* le *mi ;* le *fa*, le *fa dièze ;* le *sol*, le *sol dièze ;* le *la*, le *la dièze*, et le *si*. Il y a pareillement douze demi-couleurs ou demi-teintes ; ce sont, bleu, céladon, vert, olive, jaune, aurore, orangé, rouge, cramoisi, violet, agathe et violant.

6°. La marche des sons se fait dans un cercle, et comme ils sont sortis de l'*ut*, aussi leur progression les y ramène, *ut*, *mi*, *sol*, *ut*, ou *ut*, *re*, *mi*, *fa*, *sol*, *la*, *si*, *ut*. On appelle cela une octave, dans laquelle le dernier *ut* est de moitié plus aigu et plus retentissant que le premier.

7°. Après une octave *ut*, *re*, *mi*, *fa*, *sol*, *la*, *si*, on recommence une nouvelle qui est de moitié plus aiguë et plus retentissante que la première et tout le cercle de la musique produit plusieurs octaves.

Pour la composition de la lyre architectonique, voyez l'Etude cinquième, page 66.

Il y a autant d'ordres d'architecture qu'il y a de tuyaux dans l'orgue.

HARMONIE.

On la voit représentée sous la figure d'une belle femme, richement habillée, ayant une lyre en main, et sur la tête une couronne ornée de sept diamants, de la même beauté, pour désigner les sept tons de la musique et les sept caractères de l'architecture.

CONCLUSION.

En fermant la porte de mon petit temple dédié à l'architecture, j'aperçois le péristyle d'un grand temple dans le palais des Beaux-Arts; à son frontispice est écrit : « Origine de l'Architecture française; » les six colonnes sont surmontées par les statues de Philibert Delorme, le prince des architectes français; par Bullant, Lescot, Goujon, Ducerceau et Jacques de Brosses!... Entrez dans ce temple, jeunes élèves, pour contempler leurs chefs-d'œuvre. Etudiez, méditez ceux des Vitruve, Vignole, Perrault, Palladio, Scamozzi, Inigo-Jones, Stuart, Brunelleshi, Desgodetz et Delagardette, ces maîtres de toutes les nations. Sacrifiez sur leurs autels, et concourez, imbus de leurs ouvrages, à donner à la France une architecture nationale, qui se répandra dans toute l'Europe.

Je la vois déjà, cette belle architecture, qui s'élance dans les airs, elle est montée sur sept marches de saphir, un rayon de la divinité l'éclaire, elle s'élève majestueusement au ciel, tenant dans ses mains les deux prismes de Newton et de Castel : cette reine de toutes les nations se dirige vers le temple de toutes les lumières, et, placée sur son péristyle à douze colonnes, elle nous reflète les rayons de la science et de l'art.

POSTFACE.

Non licet omnibus adire Corinthum.

Voici mon livre : c'est le fruit de la persévérance et de la méditation. Un classement des ordres d'architecture n'est pas une chose aussi facile qu'on pourrait se l'imaginer ; il pourrait même paraître téméraire à ceux qui croient la mine épuisée.

Ne le croyant pas, j'ai été, guidé par le seul sentiment de l'art, à la recherche de nouveaux filons ; mais pour les trouver avec sûreté, j'ai dû avoir recours aux lumières de l'antiquité et des grands maîtres. D'une étude constante m'est venue la pensée de créer un éclectisme ou choix d'ordres, dont les rayons réunis attireront, d'après mon espoir, l'attention des adeptes, en éclairant leur génie, leur intelligence et leur imagination. Les amateurs de l'architecture y trouveront un groupe réunissant les principales harmonies architecturales et classiques ; l'assemblage des beautés éparses dans beaucoup d'ouvrages, sera pour eux une corbeille de fleurs cueillies dans la vaste prairie de l'art, où l'on commence à prendre les plus belles pour former guirlandes et bouquets, et où l'on finit par ne rien laisser.

Toute prétention de côté, je désire que ma prévision se réalise.

L'important, c'est que mon livre soit utile, et il le sera, si j'en crois mon expérience ; du reste, l'éclectisme est toujours un puissant moyen pour façonner le goût des jeunes gens.

Je l'ai composé pour mon utilité d'abord, et ensuite je me suis plu à le perfectionner, autant qu'il m'a été possible, pour celle de mes enfants, auxquels je le laisserai comme un petit patrimoine qui n'aura pas été gagné sans sacrifices.

MÉMENTO.

L'Auteur a composé le texte de ce livre sur des exercices constants et réitérés, d'année en année, pendant une espace de temps trentenaire. Ces exercices consistent en croquis, dessins ou tableaux au nombre d'environ 500, parmi lesquels l'auteur a fait choix de 60 dessins à graver, formant deux atlas. Tout en conservant l'espoir, Dieu aidant, de compléter un jour la gravure de ces pièces justificatives, il met au jour trois gravures formant un ensemble satisfaisant pour l'intelligence des ordres. Les élèves ont donc toujours matières à composer eux-mêmes les séries architectoniques, sur les descriptions données dans le cours des dix Études précédentes.

L'auteur doit rendre hommage, en terminant, à la mémoire de feu l'abbé Lacoste, professeur distingué au collége de Clermont-Ferrand, qui a bien voulu le citer dans un de ses ouvrages sur l'Auvergne;

A la mémoire de feu M. Gaucher, architecte, professeur de l'école polytechnique, constructeur de la halle aux vins de Paris, etc.;

A celle de M. Ledru, architecte du département du Puy-de-Dôme, constructeur de l'hôtel de ville de Clermont-Ferrand, etc., qui ont été ses protecteurs.

TABLE DES MATIÈRES.

FIN DE LA TABLE.

Clermont, impr. de Thibaud-Landriot frères.

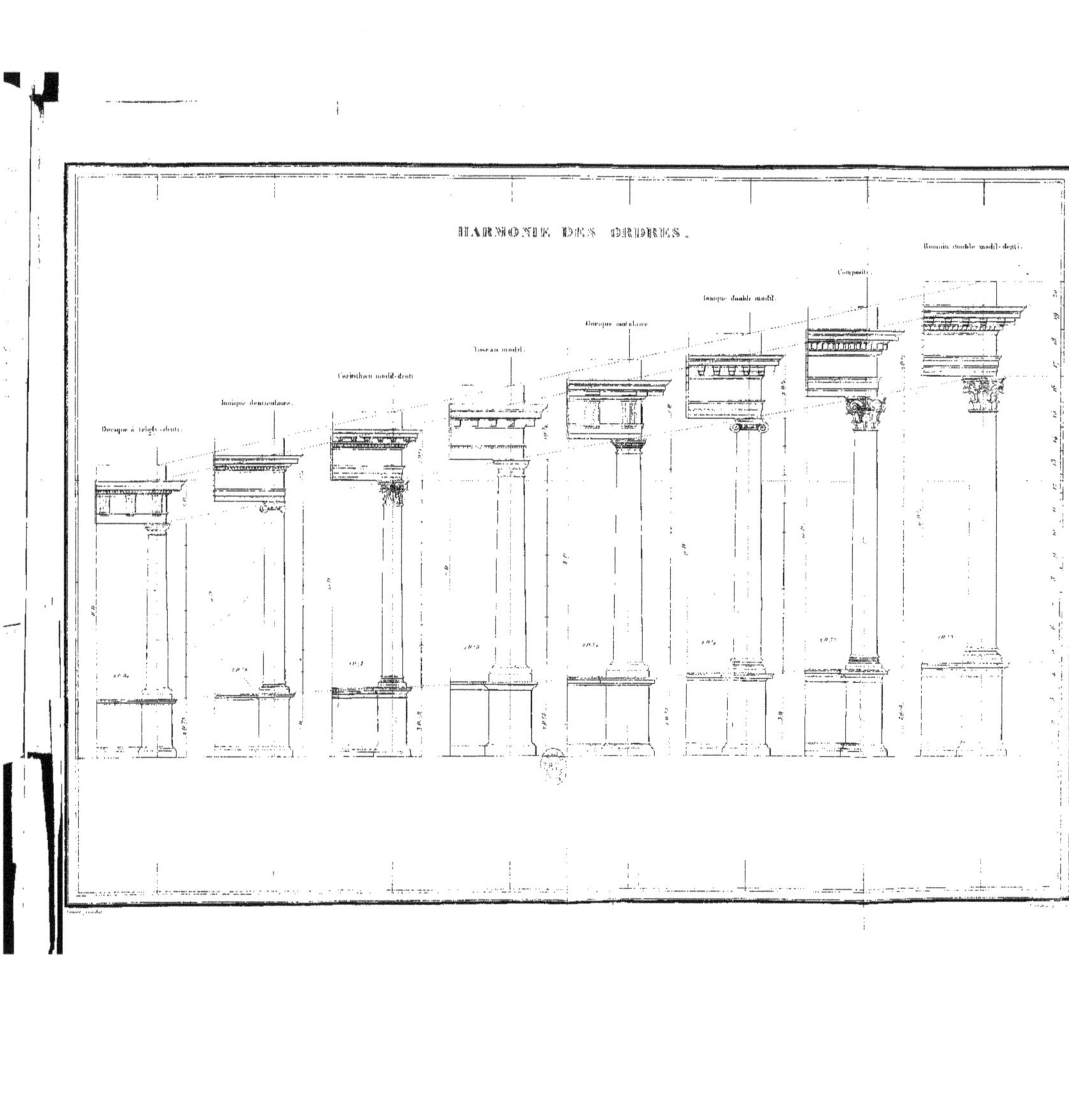
HARMONIE DES ORDRES.
Dorique à triglyphes-dents.
Ionique denticulaire.
Corinthien modil-dents
Toscan modil.
Dorique mutulaire
Ionique double modil.
Composite.
Romain double modil-denti.

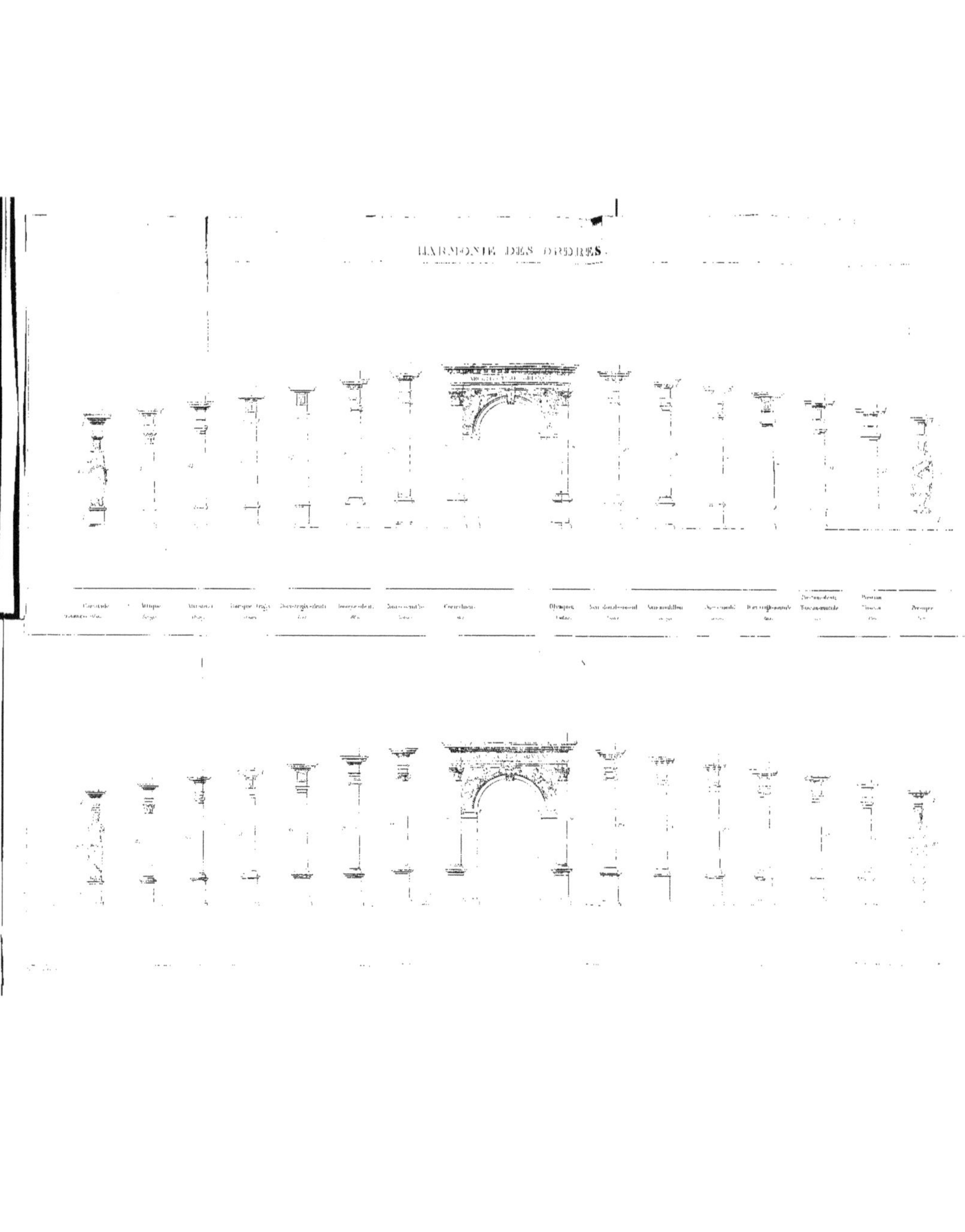
HARMONIE DES ORDRES.

www.ingramcontent.com/pod-product-compliance
Ingram Content Group UK Ltd.
Pitfield, Milton Keynes, MK11 3LW, UK
UKHW020603180726
13838UKWH00001B/391